운전자[illegible]본상식

머리말

운전면허를 취득한 뒤, 운전을 해 본 사람이라면 누구나 쉽게 알 수 있을 것이다. 운전을 한다는 것은 단순히 자동차의 조작방법을 알고 작동시키는 것만이 아닌 자신의 차를 이해하고 관리하며 때로는 긴급히 치료할 줄도 알아야 한다는 것을 의미하는 것임을 깨닫는 것이다. 물론 안전을 최우선시해야 하는 첨단장비인 자동차에 문제가 생긴다면 전문가의 도움을 필히 받아야 하겠지만 때론 내 차가 어떤 상태이며 지금 어디가 문제인지 스스로 알고 싶었던 적도 많았을 것이다. 그래서 이 책은 수십 년간의 현장실무에서 느낀 운전자들의 공통적인 궁금증과 이에 대한 노하우를 쉽고 정확하게 소개하고자 한 책이다. 이를 통해 운전자들이 자신의 차량에 보다 관심과 애정을 가질 수 있도록 최대한 노력을 하였다.

자동차와 함께 하다보면 자동차와 사람이 참 많이 닮아 있음을 느끼게 된다. 같은 공장에서 출고된 똑같은 자동차라 하여도 누군가의 차주에게 건네진 뒤에는 그 차주의 관심과 애정에 따라 확연하게 성능과 상태가 달라짐을 알 수 있다. 사람의 몸도 그렇지만 차도 자신에게 맞게 만들어가고 길들여가며 쓰는 것인 셈이다. 자동차의 구조 또한, 사람의 두뇌격인 메인 컴퓨터가 있고, 심장에 해당하는 엔진이 있고 혈액과 같은 기능을 하는 각종 오일이 있어, 혈관을 담당하는 여러 배선 속을 돌아야 하고, 감각기관의 역할을 담당하는 각종 라이트들과 센서들. 팔다리 역할을 하는 각종 조향장치와 타이어까지 등등. 정말 자동차 또한 운전자와 함께 움직이는 또 하나의 신체인 것이다. 내 몸이 항상 건강하고 최상의 컨디션이기를 바라듯 내 차 역시 운전자의 관심과 애정으로 늘 최상의 컨디션을 유지할 수 있다.

우리의 삶에서 건강이 행복의 가장 큰 조건이듯이 내 차를 이해하고 관리하는 습관으로 운전 생활 속의 행복은 오래도록 유지될 수 있을 것이다. 이 책이 전하는 정보와 노하우가 운전하시는 분들의 행복으로 이어지길 희망해 본다.

CONTENTS

자동차 상식

자동차 차대번호란 무엇인가요?

사람에게 주민등록 번호가 있듯이 자동차는 그 차량에 해당하는 17개의 숫자와 알파벳으로 구성됩니다. 이것을 차대번호라고 합니다.

1~3번호는 자동차 제작사를 표시하고 4~9번까지는 자동차의 특성, 10~17번까지는 제작 일련번호입니다. 이 차대번호를 통하여 자동차 검사시에 규정에 맞는 배기가스 허용치를 검사하고 있습니다. 구체적으로 표시를 하게 되면 아래와 같습니다.

K : 제작국가(K : 대한민국, J : 일본, 1 : 미국, A~H : 아프리카, J~R : 아시아,
1~5 : 북미, 6~7 : 오세아니아, 8~9 : 남미)

M : 제작회사 (M : 현대, N : 기아)

H : 자동차 구분(H : 승용, F : 화물, J : 승합, C : 특장, B : 트레일러)

E : 차종 구분(A : 경차, B : 중소형차, C : 소형차, D : 준중형차, E : 중형차, F :

준대형차, G : 대형차)

L : 세부차종(L : 기본사양, M : 고급사양, N : 최고급사양)

1 : 차체형상(1 : 리무진, 2~5 : 도어수, 6 :쿠페, 8 : 웨건, 0 : 픽업)

3 : 안전장치(1: 장치없음, 2 : 수동안전띠, 3 : 자동안전띠, 4 : 에어백)

C : 배기량(A : 1800cc, B : 2000cc, C : 2500cc)

P : 용도구분(D : 내수용, P : 미국, 캐나다 제외 전 지역)

Y : 제작년도(X : 1999년, Y : 2000년, Z : 2001년... A : 2010년)

A : 생산공장(A : 아산, C : 전주, U : 울산, M : 인도, Z : 터키)

000001 : 생산번호

차종 구분은 어떻게 하나요?(경차, 소형차, 중형차, 대형차)

- 경차 : 배기량이 1000cc미만이고 길이 3.6m, 너비 1.6m, 높이 2.2m 이하인 차량
- 소형차 : 배기량이 1,600cc미만이고 길이 4.7m, 너비 1.7m, 높이 2.0m 이하인 차량
- 중형차 : 배기량이 1,600cc이상 2,000cc미만이고 길이, 높이, 너비 중 하나라도 소형을 초과하는 차량

- 대형차 : 배기량이 2,000cc이상, 길이, 높이, 너비 모두가 소형을 초과하는 차량
- 준중형 자동차 : 준중형 자동차는 법적 근거를 통해 분류된 것은 아니지만 배기량이 1,300~1,600cc의 승용차를 준중형 자동차라고 부릅니다.

운전할 때 어떤 선글라스가 좋을까요?

운전시 눈을 편안하게 해주는 갈색계열의 선글라스가 제일 적당합니다. 그 이유는 낮에는 햇빛을 반사해 주고 밤 운전시에는 맞은편에서 오는 자동차 헤드라이트 불빛의 눈부심도 덜해주기 때문입니다.

간혹 짙은 녹색의 선글래스는 신호등의 색깔과 비슷하므로 위험할 수 있으므로 가급적 피하는 것이 좋습니다.

자동차 상석의 위치는 어디일까요?

자동차 상석은 "위 사람의 자리"로 중요한 사람이 불편함을 느끼지 않도록 하는 배려의 자리를 의미합니다. 보통의 상석은 운전자 대각선의 뒤편이라고 하는 것이 보편적입니다. 그리고 상

사가 운전한다면 뒤 좌석에 타는 것은 결례임으로 옆자리에 우선 앉아야 합니다.

자동차 A, B, C 필러란 무엇인가요?

필러란 차량의 차체와 지붕을 연결하는 기둥 등을 의미합니다.

차량의 앞쪽부터 A필러, B필러, C필러라고 통상 부릅니다.

참고로 A필러를 프론트 필러, B필러를 센터 또는 사이드 필러, C필러를 리어 필러라고도 말합니다.

자동차 정전기는 왜 생기나요?

정전기는 말 그대로 정지해 있는 전기입니다. 자동차가 주행 중일 때는 자동차 차체가 공기와 마찰하여, 정전기가 차체에 쌓이게 되므로 고무 성분인 타이어 때문에 정전기는 땅으로 흐르지 못하고 자동차에 그대로 남아있게 됩니다. 이 상태에서 자동차에서 내리게 되면 사람의 몸을 통해 정전기가 땅으로 흐르면서 순간 스파크가 일어나고, 이에 따라 전기충격을 받게 됩니다.

또한 정전기는 건조한 겨울철에 빈번하게 발생되는데, 이의 원인은 공기 중에 습도가 높으면, 정전기가 축적되지 않고 습기를 통해 수시로 방전되는데, 건조한 겨울에는 우리 몸에 축적되어 있

다가 전기가 흐르기 쉬운 도체를 만나게 되면 순식간에 흐릅니다.

정전기는 남성과 여성 중 누가 더 잘 타나요?

정전기는 남성보다 여성이 잘 탄다고 합니다. 그 이유는 여성이 남성보다 머리카락이 길고, 그리고 털이 많은 옷 등을 입어 정전기가 발생하기 쉬운 경향이 많기 때문입니다.

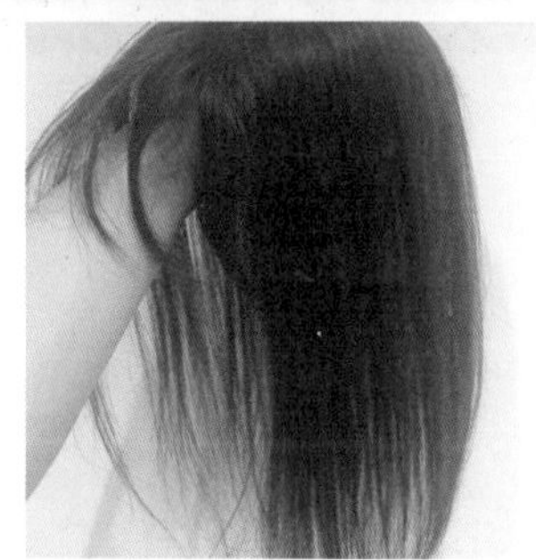

자동차 정전기 예방법은 뭐가 있나요?

① 실내의 습도를 높인다.

② 자동차 문을 열거나 닫을 때 손 끝에 입김을 불어넣어 약간의 습기를 있게 한 뒤 차체를 "톡톡 톡톡" 두드린 후 문을 연다.

③ 피뢰침의 원리를 응용한, 철사로 된 체인을 배기관 쪽에 부착하여 수시로 전기를 방전시킨다.

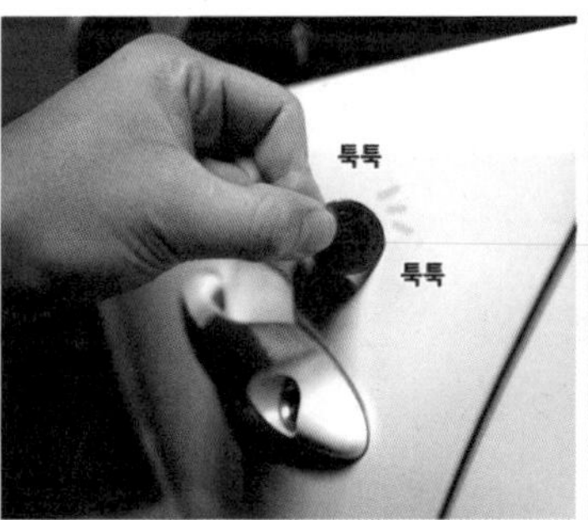

자동차는 운행하지 않으면 오래 사용할 수 있나요?

자동차는 일정한 시간을 갖고 움직여야 오래 사용할 수 있습니다. 차량을 장기간 주차해 놓는 경우에는 각 부품 내부에 윤활이 원활하게 되질 않기 때문에 잔고장을 일으키기 쉽습니다.

자동차 스포일러는 도움이 될까요?

자동차는 속도가 증가할수록 양력이 발생하여 위로 뜨는 경향이 있습니다. 이러한 현상이 발생하면 타이어와 지면 사이의 접지력이 약해져 조향 안전성 및 제동력이 약해집니다. 따라서 비행기와 반대로 위에서 누르는 힘(다운포스)을 발생시키기 위하여 일부 차량에서는 스포일러를 부착하게 됩니다. 다만 속도가 많이 나는 경주용 차량은 스포일러가 필요하지만 일반 차량에서는 디자인 측면에서 필요하지만 스포일러의 역할을 기대하기 어렵습니다.

유지관리

신차 길들이기 하는 이유?

처음 자동차를 구입한 후 일정기간동안 급출발, 급가속, 급제동 등을 하지 말고 부드럽게 운행하여야 하는데요. 이러는 이유는 자동차는 대부분 금속재질로 이루어져 있기 때문에 처음에 무리한 힘이 주어지게 되면 금속재질의 분자 성분이 한 방향으로만 바뀌어지기 때문에 처음엔 금속재질들이 경화가 잘 이루어지기 위해서는 초기 3,000KM 정도까지는 가급적으로 급출발, 급제동, 급가속 등은 삼가시는게 차량의 오랜컨디션 유지를 위함입니다.

새차를 구입했을 때 꼭 해야 하는 것은 어떤게 있을까?

우리가 사는 아파트에도 아파트 증후군이 있듯이 자동차에도 이와 비슷한 증후군이 있습니다.

자동차 내장재는 대부분 모직, 섬유, 플라스틱, 가죽 등으로 되어져있고 일부는 방수제 또는 접착제 등이 사용되어져 있기에 여기에

서 화학 물질이 나옵니다. 그러기에 자칫 소홀히 다루면 새차증후군이 발생될 가능성이 있습니다.

해결방법으로는 어떤 게 있을까요?

① 실내 비닐커버 벗기기

새차를 구입하면 실내 공기관리가 매우 중요합니다. 그런데 새차는 실내오염을 방지하기 위하여 차량제조사에서 각종 크기의 비닐커버를 씌워 놓습니다. 보통의 운전자들은 새차의 기분을 만끽하기 위하여 일정기간 또는 오랜기간 동안 벗기지 않고 운행을

하는 경우를 많이 봤는데요. 비닐커버는 자동차의 정전기를 일으키기도 하고 새차에 발생하는 각종 유해물질의 자연배출을 방해하기 때문에 반드시 벗겨주셔야 합니다.

② 환기시키기

새차 때에는 각종 유해 물질들이 실내 공간에 가득차게 됩니다. 만약 이러한 유해 물질이 가득찬 경우에 운전자가 탑승을 하게 되면 인체에는 상당히 유해하게 됩니다. 그래서 새차 때에는

일정기간은 실내 환기를 한 후 탑승을 하여야 합니다. 이 때 환기시키는 방법은 시동걸기 전 또는 시동을 건 후 앞, 뒤의 문을 닫은 뒤, 앞쪽 문 하나를 개방하고 뒤 문짝 하나를 개방하여 바로 닫게 되면 실내의 공기가 앞 문짝으로 나가게 됩니다. 이러한 방법으로 3~4회 정도 한 후 탑승하시면 유해물질로부터 자유로울 수 있습니다. 뜨거운 여름철 실내 온도를 내리는 방법으로도 사용하니 참고하시면 되겠습니다.

③ 방향제 사용자제

보통 새차를 구입하게 되면 주위분들의 선물로 방향제를 받기도 합니다. 그래서 실내의 냄새를 없애기 위하여 방향제를 사용하는 경우가 많습니다. 그러나 방향제가 실내의 유해물질과 혼합되면 화학작용으로 인하여 인체에 더 해로울 수가 있습니다. 그래서 실내의 고약한 냄새로 불쾌하다면 실내의 환기를 자연적으로 해주는 걸 권해드립니다. 방향제로는 잠깐의 냄새를 사라지게 할 수는 있지만 그로인한 손해가 있을 수 있다는 점 명심바랍니다.

자동차 외장관리(도장)는 어떻게 하나요?

일단 새차를 구입하면 새차 때의 광택이 지속적으로 이루어지기를 원합니다. 그러나 실제로는 운전자의 바람대로 되질 않고 시간이 지남에 따라 우리 인간의 피부와 같이 지속적으로 관리를 소홀히 하게 되면 원래의 상태를 지속하기가 힘들기에 많은 관심과 정성이 필요합니다. 그러면 어떠한 방법으로 새차처럼의 광택을 유지할 수가 있는지를 알아보겠습니다. 막 출고된 차량은 보통의 기간 동안(약 3개월) 아래 사항을 지켜주시면 좋아요.

- 기계식 세차는 가급적 삼가주세요.
- 왁스나 기계식 광택은 가급적 피해주세요.
- 뜨거운 여름철 세차는 가급적 피해주세요.
- 표면의 오염이 발견되면 가급적 바로 씻어주세요.
- 가급적 실내주차장을 이용해주세요.

자동차 표면에 휘발유나 경유가 묻었을 때 어떻게 하나요?

보통의 경우 주유소에서 주유 중, 후에 휘발유나 경유가 차체도장 표면에 묻게 되면 빠른 시간에 도장 표면의 광택이 사라지고 손상이 발생하기 때문에 묻은 즉시 물로 깨끗이 씻어 내야 합니다.

자동차도장에 브레이크액 또는 부동액이 묻었을 때 어떻게 하나요?

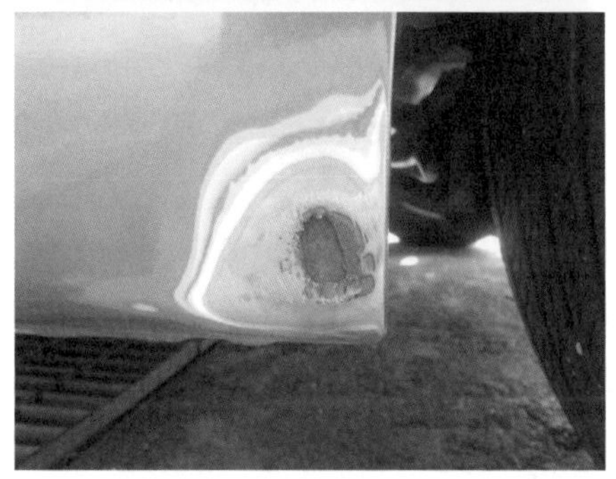

자동차에 사용하는 브레이크 액 또는 부동액이 자동차 차체에 묻게 되면 페인트가 변색되어지거나 심하면 부풀어 오릅니다. 그래서 즉시 물로 닦아내야 합니다.

자동차 세차요령이 있나요?

일반적으로 세차는 손으로 직접 하는 손 세차와 기계로 하는 기계 자동세차가 있는데 신차의 경우는 손으로 하는 세차를 권해드립니다.

왁스칠 요령은 어떻게 하나요?

왁스칠은 자동차의 표면이 물기가 남아있지 않은 상태 즉 지동차가 충분히 건조되어진 뒤에 해야 하며 그늘진 곳에서 하게 되면 얼룩이 남지 않습니다.

왁스칠은 먼저 왁스를 부드러운 스펀지에 발라 둥근 원을 그리며

골고루 차체에 도포한 후 왁스가 건조되어 흰 가루가 될 때까지 기다려 그 후에 마른 극세사 등을 이용하여 같은 방법으로 둥근 원을 그리며 일정한 속도로 가볍게 문지르면, 차체의 오염 물질이 벗겨지면서 윤기가 납니다. 이렇게 왁스칠을 하게 되면 일정기간 동안(왁스의 광택)은 이물질이 잘 묻지 않고 만약에 묻었더라도 잘 닦이며 작은 스크래치는 방지되는 장점이 있습니다.

언더코팅은 해야 할까요?

많은 운전자들의 공통관심 사항 중 하나가 신차를 구입한 후 해야 하나 안 해도 되나? 인데요

운전자분들은 언더코팅의 목적을 방청만으로 알고 계신데요. 실제로는 방청뿐만 아니라 방음, 방진의 목적도 있습니다.

언더코팅은 사용조건이나 운전자의 취향에 따라 선택하는 걸 권해드립니다. 험로를 많이 운행하는 차량이나 바닷가 운행이 잦은 차량, 그리고 보다 더 조용한 운행을 원하는 차량들은 언더코팅 작업을 하는 것이 유리합니다. 하지만 언더코팅을 너무 두껍게 하게 되면 코팅제의 재질과 무게 때문에 연비에 악영향을 줄 수 있으니 가볍게 뿌리는 걸 권해 드립니다.

새차의 엔진오일은 언제 교환 할까요?

과거에는 기계가공의 기술이 떨어져 쇳가루 등이 가공면에 붙어 있음에 엔진오일을 일찍 교환해야 했습니다만, 지금은 재질 및 기술의 발달로 인하여 예전처럼 쇳가루가 떨어지는 그러한 일들은 없습니다. 그러므로 과거처럼 1,000km 정도 운행 후 오일을 교환하는 일들은 운전자의 경제적인 손실을 가져옵니다. 현재는 가솔린이나 디젤엔진이나 엔진오일의 교환주기는 15,000km 되어 있습니다. 그러나 운전자의 운전조건 즉, 비포장도로, 산악도로, 혼잡한 시내운전 등 가혹조건이라고 생각되어지는 운전이라면 교환주기의 절반 약 7,500km이내에서 교환을 권해드립니다.

새차 구입 후 광택작업 하는게 좋을까요?

광택이란 차체도장 표면을 미세하게 벗기는 작업을 말합니다. 자동차 출고 후 약 3개월 정도까지는 도장이 완전하지 않고 미세하게 지속되는 과정으로 보임으로 이 기간 동안은 광택작업을 가능하면 피하시는 게 좋습니다. 그대신 세차 후 주기적인 왁스칠을 통하여 차체 도장면을 보호하는 것이 좋겠습니다.

자동차의 일상점검은 어떻게 하나요?

일상점검이란 자신의 자동차를 운행하기 전 각종 장치들의 상태를 스스로 점검하는 일종의 안전관리라 생각하시면 되겠습니다. 이로 인하여 보다 더 편안하고 쾌적한 운행을 위함입니다. 소홀히 하면 사고로 이어지고 자칫 행복해야 할 운행이 불행의 씨앗이 되기 때문에 운전자는 의무사항이라고 생각하시어 소홀이 하시면 안됩니다. 그러면 방법을 알아보겠습니다.

① 차량의 외관상태점검

일상점검 시 경사가 없는 평탄한 곳에서 변속레버는 P에 놓은 뒤 차량을 한 바퀴 빙 둘러보면서 차체나 유리에 오염, 손상의 유무를 확인하고 만약 이물질 등이 묻어 있다면 즉시 물로 닦아내어야만 차체 및 도장의 오염을 방지합니다.

② 타이어점검

타이어는 안전운행과 직결되므로 수시로 확인하여야 합니다. 마모된 타이어는 빗길, 눈길에서 미끄러지기 쉽기 때문에 가능한 빨리 새것으로 교환하여야 합니다.

공기압이 적정한지, 찢기거나 갈라진 곳이 있는지 이물질이 타이어에 박혀 있는지 확인합니다.

③ 각종 등화장치 점검

등화장치는 주간에만 운행하면 그렇게 크게 위험하다고 생각하진 않겠지만 야간에 운행을 할 때도 있기에 반드시 등화장치는 점검을 해야 합니다. 등화장치로는 미등, 제동등, 방향지시등, 후진등은 안전운행에 큰 영향을 미치므로 만약 고장시 즉시 조치를 취하셔야 합니다. 특히 등화장치 중에 제동등은 신경을 써주셔야 합니다.

④ 본넷을 열어 각종 액체류(엔진오일, 부동액, 브레이크액등) 등을 점검.

액체류가 부족하다면 시스템의 고장을 일으키는 원인이 되기도 합니다. 특히나 이런 액체류의 누수 또는 누유가 있는지 확인하여야 합니다.

⑤ 엔진의 구동벨트 점검

워터펌프, 에어컨 컴프레셔, 파워펌프, 발전기 등을 구동하는 매우 중요한 역할을 하는데요, 벨트의 상태가 불량이라면 소음이나 연비의 불량이 있을 수 있습니다. 위의 액체류는 눈으로 확인하시면 됩니다. 예전에는 손으로 장력을 확인하곤 했는데 요즘엔 벨트의 장력은 자동으로 조정이 되기 때문에 굳이 손으로 누르지 않으셔도 됩니다.

⑥ 시동후 계기판 확인

시동이 잘 걸리는지 확인하고, 그리고 연료량을 눈으로 확인하고 운행합니다. 또한 시동이 걸린 뒤 시스템의 고장을 알려주는 경고등이 점등되어져 있는지 확인합니다. 만약 시동 후 경고등이 사라지지 않는다면 가까운 정비센터에 가셔서 필요조치를 받으시기를 권해드립니다.

엔진오일이 뭔가요?

엔진오일이란 엔진 내부를 구석구석 순환하면서 다양한 역할을 하며 사람의 혈액처럼 엔진 내부를 쉼 없이 순환하여 엔진의 최고의 기능을 하는데 중요한 역할을 합니다.

- 역할① : 엔진 미끄럼운동에 유막을 형성하고 마찰을 감소시켜 마모를 줄여주는 일을 합니다.
- 역할② : 엔진에서 발생하는 열을 외부로 전달하여 엔진을 식혀주는 역할을 합니다.
- 역할③ : 유막을 형성하여 연소가스가 외부로 새지 않게 하는 기밀유지도 합니다.
- 역할④ : 외부의 수분이나 공기의 침투를 막아 금속의 부식을 막아주는 역할도 합니다.
- 역할⑤ : 엔진 내부에서 발생하는 각종 불순물을 오일 필터로 옮겨 정제해주는 역할도 합니다.

엔진오일은 왜 교환해야 하나요?

새 엔진오일이라도 시동과 동시에 엔진오일은 산화가 시작됩니다. 그리하여 주행을 하면 할수록 엔진오일의 기능이 떨어지게 되고, 찌꺼기가 쌓이고 각종

베어링에 받는 하중이 늘어나고 부식과 소음이 늘어남에 제 때에 교환을 해주셔야 됩니다.

엔진오일의 요구조건이 있나요?

제일 중요한건 바로 오일의 끈끈한 정도를 나타내주는 점도입니다.

점도가 높으면 윤활유 내부마찰이 커지거나 저항도 커져 동력의 손실이 발생합니다.

점도가 너무 낮으면 동력의 손실은 낮지만 오일막이 적어져 작동유로서의 윤활작용이 충분하지 못하여 기계의 손상이 오기도 합니다. 따라서 엔진오일은 온도에 의한 점도 변화가 적어야 하는 것이 중요하다고 할 수 있습니다.

엔진오일의 교환주기는 언제가 적당할까요?

요즘 차량의 엔진오일은 가솔린의 경우 보통 15,000KM마다 또는 1년마다 권장하고 있습니다.

과거 가솔린 차량의 경우 최초 5,000KM에 엔진오일 교환하고 그 다음부터 10,000KM 정도였는데 차량성능과 오일의 품질이 엄청 좋아졌기 때문입니다. 신차 구매시 지급되어지는 차량취급설명서에 명시된 교환주기를 숙지하는 게 바른 선택이라 할 수 있습니다. 보통 운행조건에 따라 엔진오일의 교환주기가 나뉘어져 있습니다. 정상조건과, 가혹조건이라 할 수 있습니다.

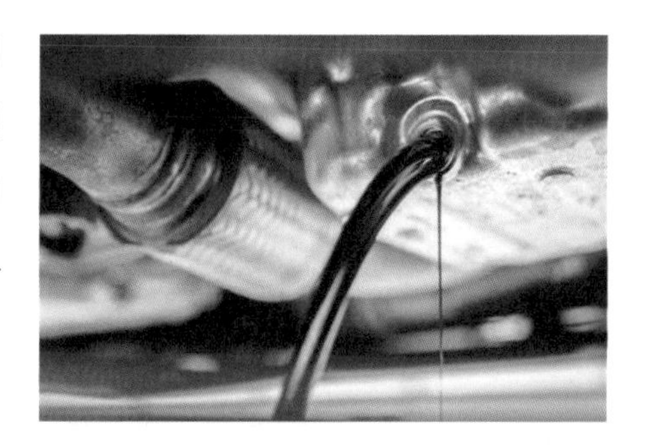

가혹조건이라 함은 열악한 환경에서 운행하기나 모래, 먼지, 산길, 오르막길 등의 운행횟수가 많은 경우입니다. 이때는 교환주기를 50% 앞당겨 교환을 권해 드립니다.

엔진오일이 많으면 어떻게 되나요?

규정보다 많으면 엔진오일이 엔진내부 연소실로 유입이 되어 카본을 쌓음은 물론 불완전 연소를 일으키고, 내부압력(크랭크 케이스)이 높아져서 엔진회전에 저항을 많이 일으키는 요인이 됩니다.

엔진오일이 적으면 어떻게 되나요?

오일량이 규정량보다 부족한 경우에 운행하게 되면 엔진오일의 윤활, 방청, 냉각, 세정 등의 효과가 감소되어 주행시 엔진소음이 심해져서 엔진이 조기에 손상되는 원인이 되기도 합니다.

그러므로 운전자는 수시로 엔진오일을 점검하여 부족시 보충하여 규정 양을 유지하는데 신경을 써야 할 것입니다.

엔진오일의 점검순서는 어떻게 하나요?

① 차량을 평지에 두어 정상온도에 도달할 때까지 워밍업을 한 후 시동을 끈 후 약 5분 정도 기다립니다. 이미 평탄한 곳에 있다면 위 사항을 생략합니다.

② 장갑, 수건, 걸레, 휴지 등을 준비합니다.

③ 각종 액체류 누유 점검을 위하여 본넷을 오픈하여 엔진 룸을 살펴봅니다.

④ 측정전에 오일 게이지를 닦습니다.

⑤ 오일이 잘 묻도록 게이지를 끝까지 밀어 넣는다.

⑥ 게이지를 뺀 후 오일양을 점검합니다.

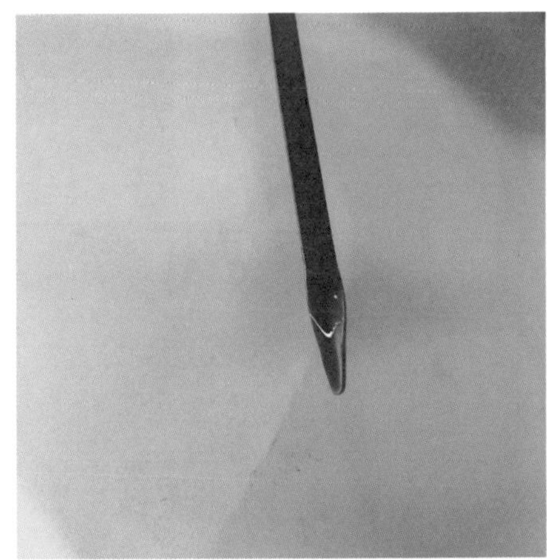

오일이 부족할 시 보충은 어떻게 하나요?

① 먼저 오일 필러를 좌측으로 회전하여 개방을 합니다.

② 준비된 오일을 깔때기나 아니면 직접 눈으로 확인하면서 천천히 부어줍니다.

③ 오일게이지를 수시로 확인하면서 위의 절차를 마무리 합니다.

엔진

엔진의 기본구조는 어떤가요?

엔진은 기본적으로 많은 부품들의 조합으로 된 복잡한 기계입니다. 이렇게 복잡한 구조를 크게 나누어보면 세 개의 층으로 나뉘어져 있습니다. 1층은 엔진오일을 담고 있는 크랭크케이스 & 오일팬, 2층은 피스톤과 크랭크축이 들어있는 실린더 블록이 있습니다. 3층은 밸브와 연소실로 이루어진 실린더 헤드가 있습니다.

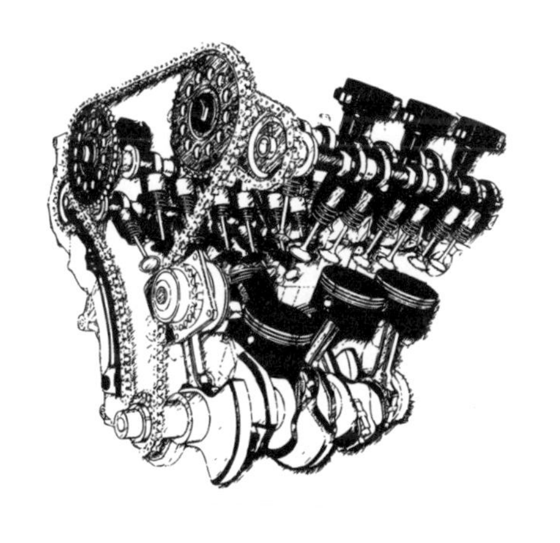

1층인 크랭크케이스 & 오일팬이 뭔가요?

크랭크 케이스는 크랭크축이 회전하는 공간으로, 크랭크축의 하

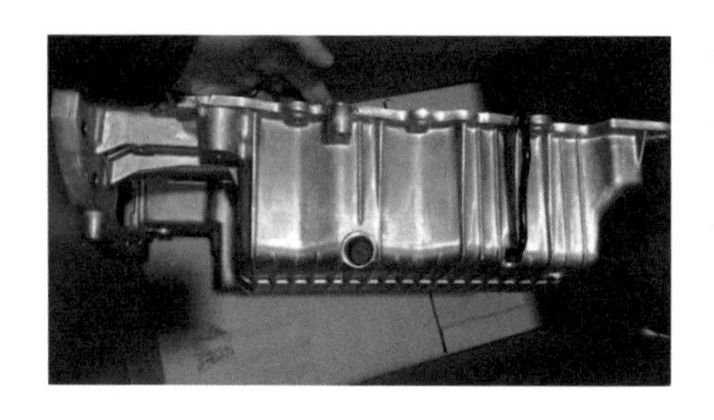

우징 역할을 합니다. 그리고 케이스 하단에는 엔진오일이 담겨져 있습니다. 오일팬의 재질로는 소음과 진동을 줄이기 위하여 알루미늄을 사용합니다.

※ 기능 : 피스톤의 상하 작용에 의해 크랭크 케이스 내부의 압력이 상승하는데, 이러한 압력으로 피스톤의 상하 움직임을 방해하기도 합니다. 그리고 피스톤과 실린더 사이로 새어나오는 연소가스와 블로바이 가스가 축적이 됩니다. 그래서 크랭크케이스에 환기구를 만들어 내부의 압력이 상승되는 것을 방지하면서 탄화수소가 주성분인 블로바이 가스를 연소실로 재순환하도록 하고 있습니다.

2층인 실린더 블록은 무엇인가요?

2층은 엔진의 본체라 할 수 있는 실린더 블록에 대하여 알아보겠습니다.

크랭크축과 피스톤을 담아두는 통이라 생각하시면 될 듯합니다. 엔진이 시동을 가능하게 위하여 일단 크랭크축이 회전을 하게 되면 크랭크축에 연결되어져 있는 피스톤이 상하 왕복운동을 하여 흡입, 압축, 팽창, 배기를 순환하면서 시동을 유지하게 됩니다.

3층인 실린더 헤드는 무엇인가요?

실린더 헤드는 실린더에 들어오고 나가는 혼합기와 연소가스의 흡입과 배출을 담당하는 밸브와 이를 작동시키는 캠축 등이 설치되어져 있습니다. 이를 합쳐 밸브 구동기구라고 합니다.

그외 다른 엔진장치는 없나요?

연료를 공급하는 연료장치와 윤활을 돕는 윤활장치, 엔진의 온도를 적당히 유지시켜주는 냉각장치, 시동을 가능하게 하는 시동장치, 점화장치, 충전장치 등이 있습니다.

디젤엔진과 가솔린 차량의 시동방식의 차이가 있나요?

디젤엔진은 공기를 압축한 후 높아진 공기에 고압의 연료를 분사해서 폭발하는 방식입니다. 이를 자기 착화 방식이라 합니다.

가솔린은 연료의 인화성을 이용하기에 불꽃이 필요하여 점화플러그가 있답니다.

디젤엔진 차량에 가솔린을 넣으면 어떻게 되나요?

가솔린과 디젤엔진은 근본적으로 연료성분 자체가 다릅니다. 그러므로 연료성분 자체가 다른 것을 넣게 되면 엔진에 심각한 손상이 일어 날 수 있습니다. 특히 디젤 차량에 가솔린을 주입하면, 더

욱 문제가 심각해지는데 이때는 연료장치의 고장으로 인해 우선 시동불량으로 이어지고 연료라인의 많은 부품을 교환해야 하므로 자칫 실수로 주입을 하였다면 그 즉시 시동을 걸지 말고 견인하여 가까운 정비센터에 가서 정비상담을 받으셔야 수리비를 아낍니다.

엔진시동이 안되는 일반적 이유는 뭔가요?

엔진의 시동이 걸리지 않는 경우는 시동시 엔진의 시동모터가 회전 안되는 경우와 시동모터는 회전하는데 시동이 안되는 경우로 나뉘어집니다.

시동모터가 회전하지 않는 경우는 뭔가요?

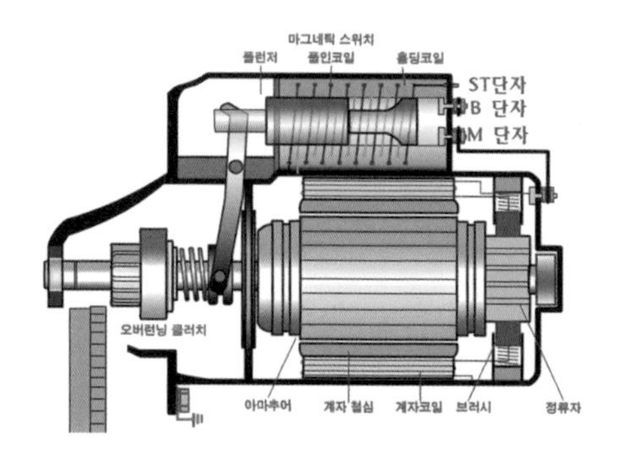

이 경우는 배터리가 방전되거나 시동회로쪽이 고장난 경우가 대부분입니다. 만약 이와같이 엔진의 회전이 전혀 없다면 배터리 방전 여부를 먼저 확인한 후 이상이 없다면 전문가 또는 긴급출동을 요청하여야 합니다.

방전 확인은 어떻게 하나요?

일단 먼저 시동키를 ON했을 때 계기판의 조명과 각종 경고등이 켜지지 않거나 희미하게 점등되고, 또는 경음기(혼)를 작동했을 때 소리가 작게 들립니다. 또는 전조등(헤드라이트)을 작동했을 때도 마찬가지로 점등이 안되거나 희미하게 들어온다면 배터리가 방전이 되었음을 판단할 수가 있겠습니다.

배터리 방전의 원인은 뭔가요?

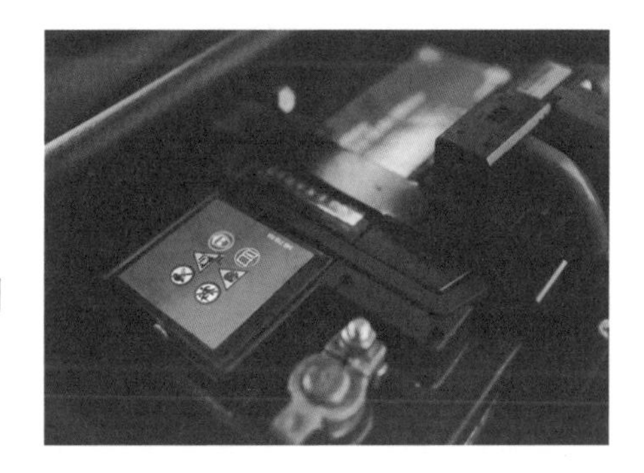

- 운전자 실수에 의한 단순방전
- 암전류에 의한 방전
- 배터리 내부불량 또는 노화에 의한 방전

운전자 실수에 의한 단순방전이란 뭔가요?

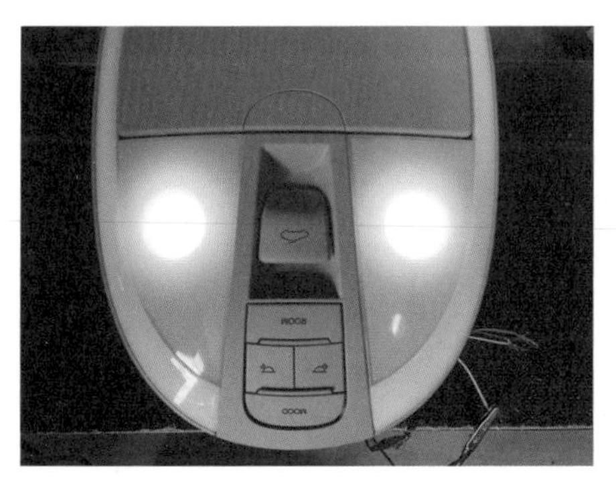

운전자가 실수로 주행 후 전장품을 끄지 않아 발생합니다. 대부분의 전장품은 시동을 끄게 되면 전원이 OFF되어 꺼지는데, 실내등, 트렁크 조명등, 도어경고등 같은 일부 등화장치는 작동될 수 있습니다. 대부분 크래킹이 되지 않는 경우는 이렇게 단순방전에 의한 이유가 많습니다. 그래서 요즘 출시되는 차들에게는 이러한 실수들을 염두에 두어 배터리 세이버 기능을 두어서 일정기간 지나면 자동으로 소등되는 기능도 있음으로 차량취급 설명서를 읽어보시길 권해드립니다.

암전류가 뭔가요?

배터리는 자동차 키를 OFF하게 되면 모든 전장품에 전원을 OFF 하는게 아니라 일정한 전장품에는 항상 전원을 공급해야 합니다. 시동을 OFF한 후에도 일정 전장품에 최소한 사용되는 전류를 암전류라 합니다. 그래서 정상적인 차량도 일정기간 운행을 하지 않고 주차만 하게 되면 암전류에 의해 시동이 걸리지 않는 이유가 되기도 합니다.

배터리도 소모품이라 일정기간 사용하다보면 자연적인 노화에 따라 시동이 걸리지 않습니다. 그러므로 운전자는 2년 이상 지나면 가끔씩 정비센터에 들러 배터리 상태 점검을 권해드립니다.

크랭킹이 되면서 시동이 안되는 경우가 있나요?

요즘 출시되는 차량에는 도난방지를 위하여 이모빌라이저(등록된 키)가 적용되어 있습니다. 그런데 만약 이 시스템의 오류 또는 고장이 일어나면 크래킹은 되는데 시동이 안될 수가 있습니다. 이 때 계기판에는 경고등이 점등되므로 확인이 필요합니다.

방전이 되었을 땐 어떻게 하나요?

일단 방전으로 판명이 되면 배터리 점프 케이블로 간단히 해결이 가능합니다.

점프케이블은 어떤 걸 쓰나요?

요즘 출시되는 차량은 배터리의 용량이 크므로 점프케이블도 저렴하지만 얇은 것 말고 조금 비싸더라도 굵은 케이블을 구매하는 걸 추천해 드립니다.

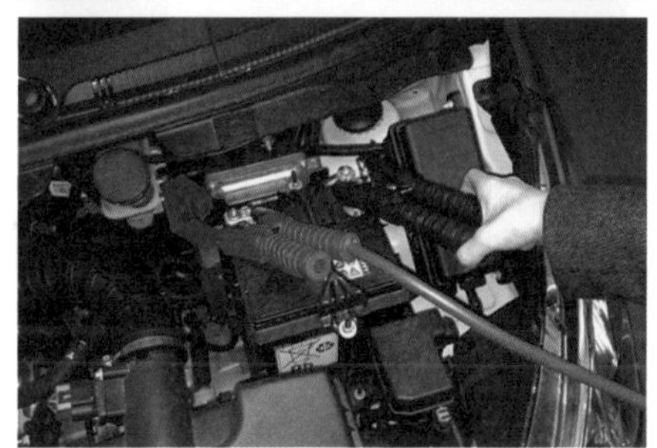

케이블은 굵기에 따라 다른가요?

얇은 것 또는 저렴한 것은 집게부분이 약할 수 있고 또한 전류의 저항이 커지게 되어 케이블 기능을 못하게 되는 경우가 있답니다.

점프케이블 작동시 순서가 있나요?

사용법만 알면 아주 간단하지만 자칫 실수로 이어지게 되면 자동차는 각종 전장부품들이 많기에 전장품들의 손상이 이어질 수도 있기에 숙지를 잘하여 사용을 하여야 합니다. 일단 케이블 연결시에는 동일한 극성끼리 연결하여야 합니다.

① 양극은 양극끼리 연결한다.
② 음극은 음극끼리 연결한다.
③ 시동을 건다.
④ 음극을 분리한다.
⑤ 양극을 분리한다.
⑥ 점프케이블을 정리한다.

주행 중 시동이 꺼질 때 전조증상이 있나요?

"배터리 경고등 점등"입니다. 이 경고등이 점등된 여부에 따라서 살펴봐야 될 항목이 달라지기 때문입니다. 배터리 경고등이 점등이 되었다면 발전기에서 전기가 충전이 되지 않는다고 생각을 하고 즉시 인근 정비소로 입고를 하셔야 됩니다. 만약 그냥 주행을 하게 되면 운행 중 엔진이 정지할 수가 있습니다.

그리고 운행시 엑셀 페달을 밟았는데도 엔진 rpm이 올라가지 않고 출력부족이 일어날 때입니다.

주행 중 자동차가 시동이 꺼지게 되면 매우 위험한 상황에 처해 집니다. 사전에 대처요령의 지식을 가지고 있다면, 긴급 상황에서 충분히 안전하게 대처할 수 있을 겁니다.

일단 주행 중 시동이 꺼졌다면 운전자는 주행 중의 기타 다른 소음으로 인하여 시동이 꺼졌는지 알 수가 없을 수도 있습니다. 그래서 먼저 운전자는 자신의 차량이 시동이 꺼진 것을 인지를 할 수가 있어야 합니다.

시동이 꺼졌는지 어떻게 알 수 있나요?

주행 중 시동이 꺼지게 되면 먼저 계기판을 보게 되면 각종 경고등이 점등되고, 엑셀페달을 밟아도 아무런 반응이 없이 가속이 되질 않고 차속은 점차 줄어들게 되고 핸들이 무겁게 됩니다.

주행 중 시동이 꺼졌을 땐 어떻게 해야 하나요?

① 맨 처음에 운전자는 시동이 꺼지더라도 당황하지 말고 침착하

게 대응을 해야 합니다.

② 주행하는 차량을 안전한 곳에 정차를 해야 합니다. 이 때 꺼진 그 상태로 운전을 합니다. 변속기 레버의 작동을 삼가시는게 좋습니다.

③ 비상등을 켜서 주변 차량들에게 자신의 차량이 비상상황임을 알립니다.

④ 브레이크는 한 번만 밟고 계속 이어갑니다. 절대 2~3번씩 밟으면 안됩니다. 만약 제동이 평소보다 되질 않는다고 계속 여러 번 밟게되면 브레이크가 딱딱해져서 제동력이 급격하게 떨어집니다. 그러므로 브레이크 페달은 강한 압력의 한 번으로 최대한 강하게 밟아줍니다.

⑤ 안전한 곳으로 주차를 하였다면 삼각대를 설치하고 전문가의 도움을 받습니다.

위와 같이 주행 중 시동이 꺼지는 일이 있어서는 안되겠지만 만약 시동이 꺼진다면 당황하지 말고 평상시와 같은 방법으로 운전하면 충분히 자동차를 정지할 수가 있습니다. 그런데 사전 지식이 없다면 시동 꺼짐으로 안전사고로 발전될 수 있기 때문에 상황에 대한 대비가 필요합니다.

부동액이 뭔가요?

내연기관 자동차에 냉각수에 첨가하여 저온시 동파방지와 엔진 내부의 녹을 막는 화학 물질입니다.

부동액 교환을 해야 하나요?

사고없이 정상적인 차량은 보통 10년 정도는 무교환으로 사용이 가능합니다. 그러나 위와같이 부동액 점검을 수시로 하여야 합니다.

부동액 색상이 다른 이유가 있나요?

부동액에 첨가되는 화학물질에 따라 부동액 색상이 다양합니다. 성능의 차이는 없다고 보시면 됩니다.

전기 자동차에도 부동액이 있나요?

전기차도 배터리와 모터를 식혀주어야 함으로 부동액이 필요합니다. 단 전기차는 전용 부동액이 있으니 꼭 전문가와 상담 후 보충 또는 교환하셔야 합니다.

엔진 오버히터가 뭔가요?

오버히터란? 자동차가 운행을 하다 보면 가끔씩 엔진내부 또는 본넷에서 하얀 김이 올라오게 되는 경우가 있습니다. 이러한 현상을 오버히터라 합니다. 이런 현상은 엔진에 치명적이기 때문에 즉시 정비를 하여야 합니다. 자동차의 엔진은 물펌프에 의해서 냉각수로 일정한 온도를 유지합니다만, 냉각장치의 고장 또는 냉각수의 누수로 인하여 냉각수가 부족하게 되면 엔진본체와 냉각수 온도를 상승시키게 됩니다. 이 때 압력이 올라가면 각종 냉각호스의 연결부위, 그리고 라디에이터 압력 캡으로 냉각수가 뿜어져 나오는데 이걸 오버히터라 합니다.

오버히터 전 알 수가 있나요?

오버히터 전에 그 징조가 보통은 나타납니다. 첫 번째는 계기판의 온도게이지가 평상시보다 올라간다던지, 게이지가 위, 아래로 왔다갔다 하는게 보통의 징조입니다. 두 번째로는 엔진 룸에서 하얀 연기가 조금씩 올라오기도 합니다.

오버히터의 원인은 뭔가요?

① 냉각장치의 고장-라디에이터, 워터펌프, 냉각팬, 써머스탯
② 냉각수의 부족
③ 부동액의 혼합비율이 맞지 않을 때
④ 가혹한 조건에서 엔진이 쉼 없이 운행을 할 때

오버히터시 어떻게 하나요?

① 시동을 OFF
② 시동버튼을 ON후에 에어컨 스위치를 켠다.
③ 엔진이 냉각되면 냉각수 확인
④ 냉각회로의 전기 점검

왜 에어컨 스위치를 ON 하나요?

에어컨 스위치를 ON하게 되면 강제적으로 냉각팬을 작동시키게 됩니다. 그래서 일시적으로 냉각팬으로 엔진 및 냉각수의 온도를 낮추어 엔진을 보호하는데 그 이유가 있습니다.

오버히터의 예방법이 있나요?

① 냉각수량 확인

② 주차한 바닥에 냉각수가 흘렀는지 확인

③ 엔진룸의 각종 냉각 호스류에 누수되는지 확인

④ 엔진이 과열 되었을 때 냉각팬이 작동되는지 확인

⑤ 2~3개월에 한 번씩 정비센터 방문하여 차량상태 확인

겨울철엔 오버히터가 발생하진 안나요?

그렇진 않습니다. 오버히터는 더운 여름철에만 일어나는게 아니라 엔진과열로 인하여 오버히터가 발생하기 때문에 계절하고는 상관이 없고 다만 더운 여름철에 조금 더 발생하기 쉬운 것은 사실입니다. 오버히터의 원인은 위와 같이 설명 드렸듯이 냉각수가 순환하지 않을 때에도 일어납니다.

머플러(마후라)는 무엇인가요?

머플러는 공기와 연료가 연소가 되어져서 남은 가스가 나오는 구멍입니다.

머플러 종류가 있나요?

① 싱글 머플러

한쪽으로만 나온 머플러입니다.

② 트윈 머플러

한 쪽으로 나오는 구멍이 두 개입니다.

③ 듀얼머플러

범퍼 양쪽으로 배기구가 나온 머플러를 말합니다.

④ 듀얼 트윈 머플러

트윈 머플러와 듀얼 머플러를 합친 것을 말합니다. 양쪽에 두 개의 배기구가 있습니다.

⑤ 페이크 머플러

머플러 구멍이 아닌데 진짜로 보이게 하는 모양으로 나온 것을 말합니다. 그 이유는 큰 차에 작은 모양을 하게 되면 이미지 차원에서 이렇게 많이 합니다.

자동차 머플러에서 물이 나오는 이유는 뭔가요?

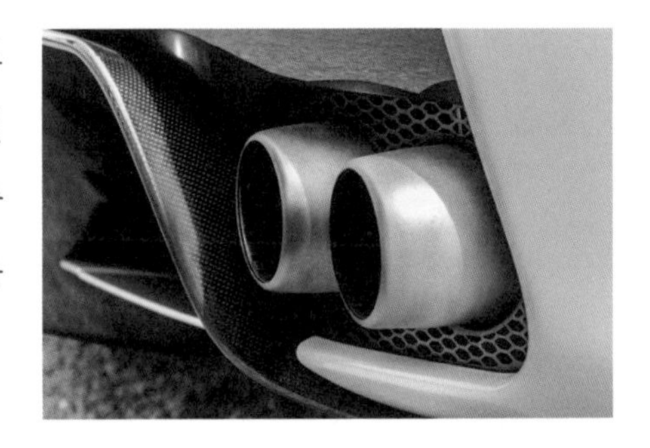

자동차 운행을 하다보면 정차 중 또는 운행시 머플러에서 물이 나오는 것을 볼 수 있습니다. 이것은 배기가스 중에 물이 포함되어 있기 때문에 그렇습니다.

배기가스의 성분이란 무언가요?

① 배기가스

시동이 걸려진 엔진과 연료 계통으로부터 대기로 방출되는 가스입니다.

② 블로바이가스

크랭크 실로부터의 발생되는 가스입니다.

③ 증발가스

연료 탱크로부터의 발생되는 가스입니다.

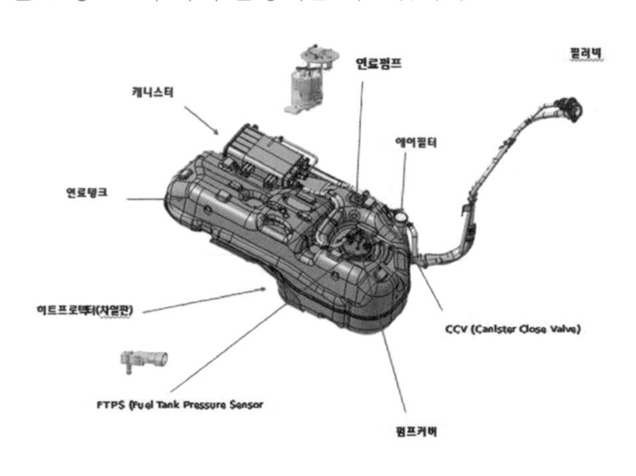

그러나 이 가스에는 대기를 오염시키는 유해한 물질이 포함되어 있어 자동차에서는 유해 가스를 처리하는 장치들이 부착되어져 있습니다.

배기가스 유해물질이란 무엇을 말하나요?

완전연소시보다 불완전 연소시 발생되는 일산화탄소(CO), 탄화수소(HC), 질소 산화물(NOx)의 3가지가 주된 유해 물질입니다.

노킹의 원인은 뭔가요?

① 노크센서 불량

② 점화플러그 불량

③ 엔진의 부하가 많이 받을 때

④ 엔진의 과열이 있을 때

⑤ 불량연료 사용할 때

⑥ 기타 원인 등이 있습니다.

섀시

일반 타이어와 스노우 타이어의 차이점이 있나요?

스노우 타이어는 빙판길 및 눈길에서 최상의 접지력을 위하기 위해 설계되었습니다. 그래서 일반 타이어와는 고무재질, 트레드 깊이, 패턴 등이 다릅니다.

타이어 펑크 및 파열되는 원인은 무엇인가요?

자동차가 고속으로 주행 중 갑자기 타이어의 펑크나 파열이 일어나게 되면, 차량의 중심이 한 쪽으로 쏠려, 차체가 기울어지게 되고, 차량은 제어력을 잃게 됩니다. 이러한 현상은 앞바퀴에 비해 뒷바퀴는 조금 다행이지만 앞바퀴의 경우에는 조향을 담당하는 부위이기에 상당히 위험할 수가 있습니다. 이때는 순간적이기 때문에 운전자의 제어가 쉽게 되지는 않을 수 있습니다.

대부분 주행 중 펑크나 파열이 되는 경우는, 관리 부주의에 의한 경우가 많습니다. 운전자들의 안전 불감증으로 인하여 사고의 발생 원인이 많은 것으로 조사 기관에서 나오기도 했습니다. 그러기 때문에 운전자의 인식 변화가 필요하다는 이야기입니다.

타이어 공기압이 얼마나 중요 하나요?

타이어 공기압은, 타이어의 마모, 파열, 소음, 진동 그리고 자동차의 연비에 결정적인 영향을 미칩니다. 그리고 생산연도가 오래된 타이어(6년 이상) 또한 타이어의 파열 및 사고 발생의 확률이 높아지게 됩니다.

공기압은 얼만큼 넣어야 하나요?

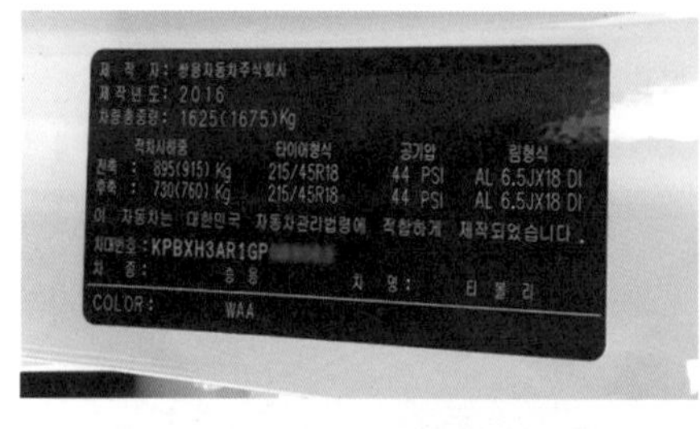

보통의 경우에 운전석 도어를 열게 되면 안쪽에 앞, 뒤 바퀴의 규정 공기압을 확인하게 되어있습니다. 요즘의 자동차는 공기압이 부족하면 계기판에 공기압 부족하다는 경고등 및 각 바퀴의 공기압도 보여주고 있습니다.

타이어 위치 교환은 왜 하나요?

대부분 앞 타이어가 빨리 닳게 되는데 위치교환으로 타이어 수명을 연장할 수 있습니다.

왜 앞 타이어가 빨리 닳나요?

핸들을 작동시키면 조향을 많이 하는 쪽이 앞쪽이기에 많이 닳습니다. 즉 일을 많이 하기 때문입니다.

공기압이 빠지는 이유는 뭔가요?

기온 차이에 의해서 공기압이 낮아지기도 합니다. 또한 밀폐되어져 있다고 하지만 자연적으로 조금씩 빠지기도 합니다.

타이어 제조일을 알 수 있는 방법이 있나요?

타이어 사이드에 4자리로 표시가 되어져 있습니다. 앞의 두 자리는 1년 중의 52주를 나타내고 뒤의 두 자리는 20**년도 중 두자리를 나타냅니다. 위의 차량은 2017년 30주에 제조가 되었다고 보시면 됩니다.

참고로 타이어는 보기에는 새 것처럼 보이지만 제조된지 오래되면 타이어의 성능과 안전성이 떨어지게 됨으로 교체 하시기전 제조일자를 확인하시면 도움이 되겠습니다.

운행 중에 주차브레이크 경고등이 점등되는 이유는 무엇인가요?

① 브레이크 스위치가 고장이 났을 때
② 브레이크 오일량 감지센서가 고장났을 때
③ 브레이크 패드(라이닝)의 과다한 마모
④ 브레이크액이 부족할 때
⑤ 브레이크액이 누유될 때

대부분 브레이크액이 누유되지 않고 경고등이 들어온다면 리저버 탱크에 브레이크액을 보충하면 바로 경고등이 사라집니다.

그러나 아무런 점검없이 바로 브레이크액을 보충만 하면 안됩니다. 그 이유는 브레이크 패드(라이닝)의 마모가 많이 되어도 경고등이 점등되기 때문에 원인을 분석하고 브레이크액을 보충하기를 권해드립니다.

브레이크오일 교환 이유가 있나요?

브레이크오일에는 유압회로 내부 부식을 방지하기 위하여 수분 흡수력이 뛰어난 에틸렌글리콜이라는 성분을 사용합니다. 브레이크오일이 수분을 흡수하지 않으면, 유압회로에서 발생된 수분이 유압회로내부에 모여 부식이 일어나게 되고 그로인해 유압회로가 막히거나, 기밀을 유지하는 각종 씰이 손상되어 제동력이 급격하게 저하됨으로 주기적으로 교환하시길 권해드립니다.

휠 밸런스가 무엇인가요?

휠 밸런스란? 타이어가 회전할 때 균형을 말합니다. 즉 타이어가 회전시 무게가 일정하게 하기 위한 균형을 맞추는 작업을 말합니다.

휠 밸런스가 불량하면 어떤 증상이 있나요?

휠 밸런스가 불량하면 주행 중 60~80km/h정도에서 운전자 핸들이 심하게 떨리고 승차감도 불량하게 됩니다. 그러므로 이런 증상이 발생된다면, 네 바퀴 모두 휠 밸런스가 정상이 되도록 조정을 하여야 합니다. 조정은 운전자가 할 수 없으므로 전문점에 수리 의뢰를 하셔야 합니다.

휠 얼라이먼트란 무엇인가요?

휠 얼라이먼트는 타이어 바퀴가 어떤 모양으로 차체에 장착되어져 있는지를 나타내는 것으로 캠버(Camber), 캐스터(Caster), 토우(Toe) 등이 있답니다.

휠 얼라이먼트가 불량하면 어떤 증상이 있나요?

① 주행 중 한 쪽으로 쏠림

② 핸들의 무거움

③ 핸들 회전 후 복원이 어려움

④ 타이어의 편마모

불량시 위와같은 증상이 있으면 자동차 전문업소에서 점검 후 조치를 받으셔야 합니다.

제동시 차체가 떨리는 이유는 무엇인가요?

운행 중 제동시에 차체나 핸들이 떨리는 경우가 있습니다. 이를 전문용어로 브레이크 저더(Judder) 현상이라고 하는데, 대부분 브레이크 디스크나 패드 혹은 브레이크 드럼의 불량에 의한 경우가 대

부분입니다.

제동 시 차체가 떨릴 때 조치는 어떻게 하나요?

증상이 지속될 시에는 전문업소에 가셔서 원인에 맞는 부품을 교환하시면 됩니다.

ABS브레이크란 무엇인가요?

ABS(Anti-lock Brake System)는 제동 시 각각의 바퀴에 장착되어진 센서들의 정보를 바탕으로 현재의 상황을 인지하여 운전자의

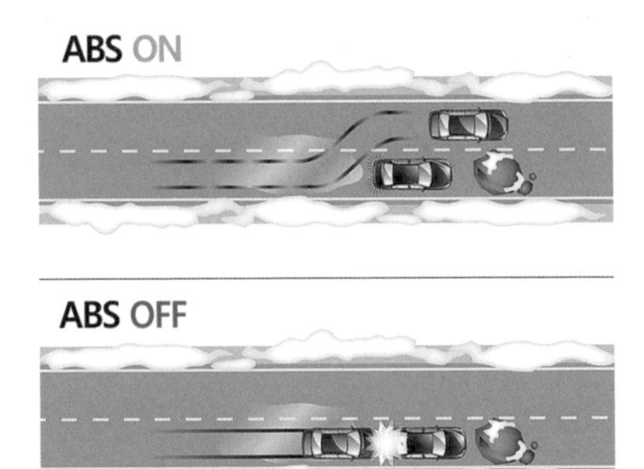

브레이크 페달 압력을 컴퓨터가 분산 조절하여 자동차의 미끄러짐을 방지하고 조향의 안정성을 위한 브레이크 장치입니다.

ABS장착 차량은 제동거리가 짧아지나요?

ABS장착 차량은 기본적으로 제동거리를 짧게 하는 장치가 아니므로 제동 거리는 짧아지지 않습니다.

ABS의 정의를 간단하게 요약할 순 있나요?

위험 인지시 제동 시 조향성을 확보하여 방향전환을 가능하게 하여 차량사고를 방지하는 것이 기본 목적입니다.

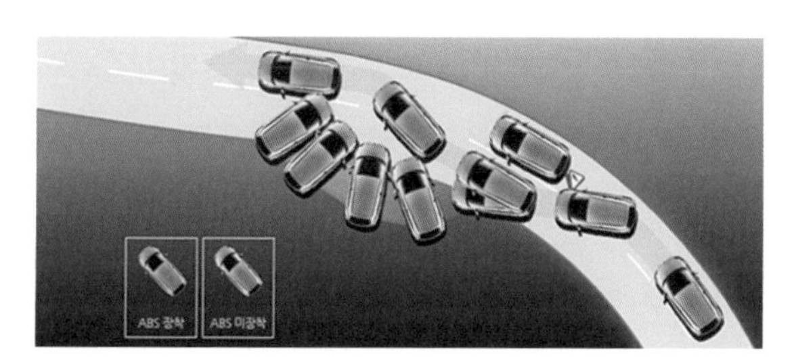

광폭 타이어 장착 시 장점은 뭐가 있나요?

광폭 타이어는 일반 도로에서 코너링, 주행 안전성, 제동력 등이 좋아집니다.

광폭 타이어 장착시 단점은 있나요?

① 빗길 운행시에는 노면에 닿는 면적이 넓기 때문에 수막현상(물로 인하여 생긴 얇은 막)이 일어나기 쉽습니다.

② 타이어의 폭이 넓기 때문에 엔진출력 저하, 핸들 조향성도 떨어집니다.

③ 연료 소모도 당연히 많아집니다.

그러므로 특별한 경우가 아니면 제조사 출고시 장착되어진 규격사이즈를 사용하는 것을 권해드립니다.

05

전장

계기판이 뭐예요?

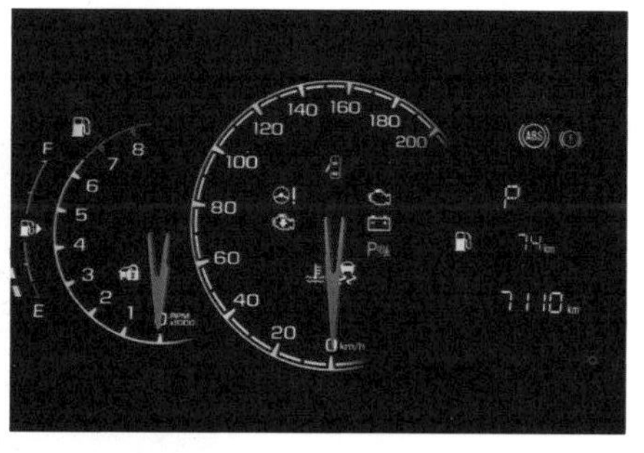

자동차는 수많은 부품(약 3만 여개)으로 이루어진 제품으로 항상 고장의 발생이 일어날 수 있습니다. 따라서 운전자는 시동 후, 또는 주행 중 계기판에 주요 장치들의 정보를 파악할 수 있게 해놓은 것이 계기판이라고 할 수 있습니다.

어떤 내용들을 알 수 있나요?

① 자동차의 속도를 알 수 있는 속도계

② 엔진의 회전속도를 알 수 있는 타코미터

③ 엔진의 온도를 알 수 있는 온도게이지

④ 연료량을 알 수 있는 연료게이지

⑤ 그리고 각종 경고등과 표시등이 있습니다.

경고등은 무엇인가요?

자동차의 고장이나 이상 징후 그리고 현재의 상황을 알려주는 역할을 합니다.

경고등의 종류가 있나요?

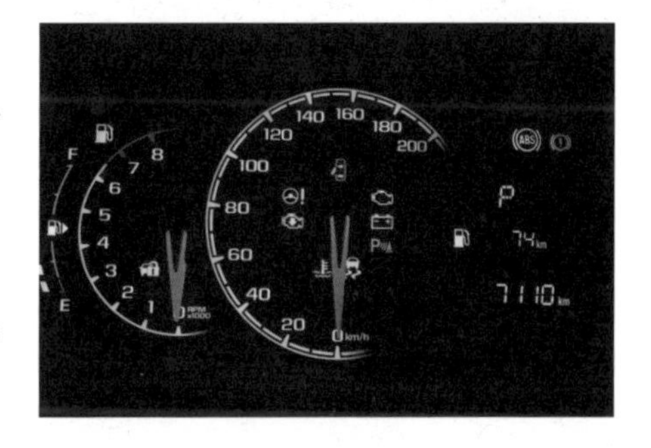

보통 경고등에는 노란색과 붉은색의 경고등이 있습니다. 다르게 이야기하면 둘 다 자동차의 안전에 위험을 감지하여 경고등이 점등된다면 가까운 정비업소 방문하셔서 점검을 받으셔야 됩니다. 붉은색 경고등이 점등되면 위험한 신호라 생각해서 바로 조치를 받으시고 만약 노란색 경고등이 점등 된다면 붉은색 경고등보다는 조금 덜 위험 한 상태이라고 생각하시면 됩니다.

파란색 또는 녹색 경고등은 무엇인가요?

이 색상은 경고등이라기보다는 표시등이므로 운전자의 안전장치나 전장부

품의 작동 예를들면 야간에 미등, 안개등 그리고 각종 장치를 작동 시킬 때 표시 등이라고 생각하시면 됩니다.

연료 경고등 점등 후 주행 가능 거리는 어떤가요?

연료탱크의 용량이 70L인 승용차라고 가정을 하면 대략 10%정도인 연료량이 7L 정도 남았을 때 경고등이 점등 됩니다. 그럼 평균연비를 대비 해보시면 경고등이 점등되었을 때 대략 운전자의 차로 이동할 수 있는 거리를 예상을 할 수 있을 겁니다. 그러나 어디까지나 평균이므로 급하게 운전하는 운전자라면 거리가 짧아질 수 있다는 점 알아 두시면 좋겠습니다.

배터리란 무엇인가요?

시동이 꺼진 상태에서 차량과 시동모터에 전원을 공급하여 시동이 가능하게 하는 전원공급 역할을 합니다.

배터리 관리는 어떻게 하나요?

① 잦은 방전을 하면 안됩니다.

② 시동 OFF후 과다한 전기장치 사용을 자제 바랍니다.

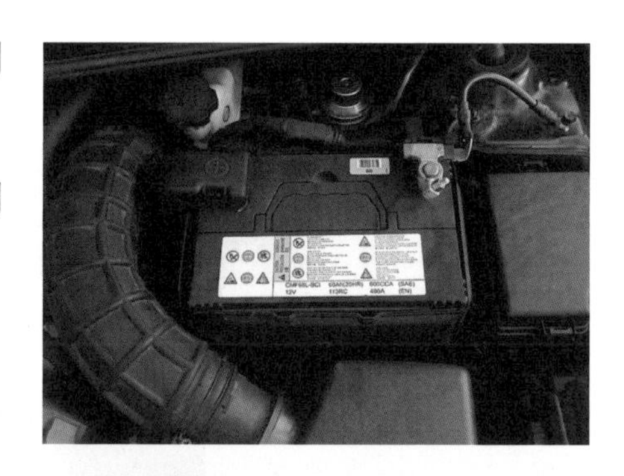

③ 배터리 터미널에 번지나 수분이 없도록 해야 합니다.

④ 배터리 주변의 청결에 신경을 써야 합니다.

배터리 수명은 있나요?

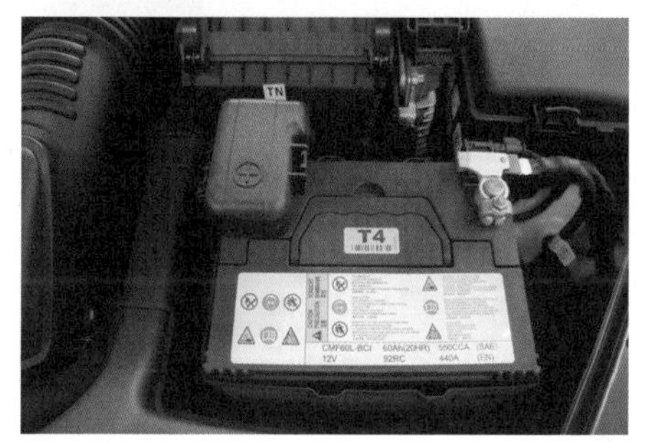

요즘 출고되는 자동차에서는 무보수이므로 별도의 정비나 보수가 필요하지는 않습니다. 그러나 일정부분 방전을 하게 되면 배터리의 수명이 급격히 떨어지기는 합니다.

배터리도 소모품이기에 일정기간(보통 3년) 지나면 교환을 권해 드립니다.

배터리 교환시기를 알 순 없나요?

① 전문점에서 전용점검기로 점검

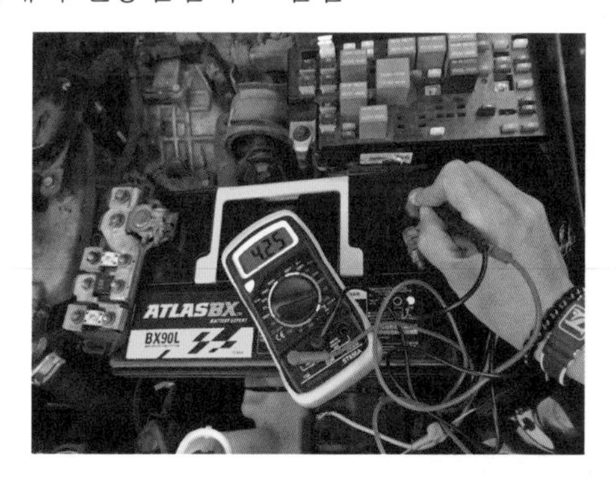

② 시동시 엔진의 회전력이 약하다.

③ 야간 주행중 전조등 밝기가 변할 때

이런 증상이 있다면 가까운 전문업소에 가셔서 점검 받으시길 권합니다.

에어컨 작동시 연비와 상관있나요?

에어컨을 작동하게 되면 에어컨 콤푸레셔가 있어서 엔진이 일을 더 하게 됩니다. 그만큼 연료를 더 필요로 하게 되므로 10~20%정도 연비가 더 듭니다.

에어컨 바람세기에 따라 연비가 달라지나요?

바람의 세기란 모터의 회전량이기 때문에 모터가 빨리 회전하면 조금 더 연비가 안좋아지기는 하지만 수치적으로 볼 때는 미비하다고 볼 수 있습니다.

에어컨 가스(냉매)교환주기는 어떻게 되나요?

보통의 경우에는 교환을 하지 않는데 에어컨이 시원하지 않는다면 냉매가 누출되어 보충해 주어야 할 경우가 있습니다. 이 때에는 손바닥이 아닌 손등으로 바람 나오는 통풍구에 갖다 대어 냉기가 느껴지지 않는다면 에어컨 냉매를 보충 또는 교체를 해 주셔야 됩니다. 과거에는 씰링 작업들이 부족해서 냉매가 많이 누출 되었지만 요즘 출고되는 차량들은 기술력이 과거와 달리 엄청 발달되어 있으므로 냉매가 사고 및 충격으로 인하여 누출되는 경우 외에는 냉매가 거의 누출되지 않습니다. 즉 요즘엔 에어컨 냉매 교환 주기는 정해져 있지 않다는 말씀드립니다.

에어컨을 켰을 때 바닥에 물이 떨어져요 뭐가 문제인가요?

이유는 응축수 때문인데요. 이 응축수는 에어컨이 작동하면, 실

내 공기가 이베퍼레이터를 통과하면서 공기중의 수분이 응축되어 물로 변하여 발생됩니다. 비슷한 원리로 여름철 차가운 얼음물이 담긴 물잔의 외부에 물방울이 맺히는 원리와 같습니다.

이렇게 생긴 응축수는 자동차 조수석 하단으로 떨어지도록 되어 있기에 정상입니다.

에어컨은 작동했는데 물이 떨어지지 않는 경우도 있나요?

바닥으로 향하는 호스가 빠졌거나 막혔을 경우에는 바깥으로 물이 배출되지 않습니다. 이 때 배출되지 않는 물은 실내에 누수가 됨으로 빨리 정비를 받으시길 권해드립니다.

에어컨 작동시 냄새나는 이유가 뭔가요?

냄새가 나는 원인은 여러 가지가 있지만 그 중에 실내에 있는 실내 필터의 오염에 의한 냄새가 대부분입니다. 주기적인 점검 후 교체가 필요합니다.

에어컨 바람을 세게틀면 연료 소모가 많나요?

에어컨은 운전을 시작하고 보통 2~3분 정도 지난 뒤에 켜는 것이 좋습니다. 이때 연료를 아낀다고 에어컨 바람세기를 약하게 작동시키는 운전자도 계시는데 바른 행동은 아닙니다. 처음부터 최고풍량으로 작동시켜 냉기가 차 안에 퍼지면 그때 저단으로 줄이는 것이 가장 경제적인 방법입니다. 왜냐면 에어컨을 작동한 상태에서 바람세기를 바꾸는 것은 실내 블로워 모터의 속도를 조절하는 것입니다. 하지만 효과는 미비하기 때문입니다. 에어컨을 작동시키면 연료 소모가 많은 원인은 에어컨 콤프레샤 작동이기 때문입니다.

제동등이 붉은색인 이유가 있나요?

빛의 파장이 길고 우리가 인식하는 색상 중 가장 먼저 눈에 띄기 때문에 붉은색입니다.

방향지시등이 황색인 이유가 있나요?

가시광선 중 가장 멀리서도 볼 수 있는 색상이기 때문입니다.

자동차 번호판 색상은 왜 다른가요?

색상에 따라 운행하는 이유가 다르기 때문입니다.

일반승용차(하얀색)

사업용자동차(노란색)

건설기계(주황색)

전기, 수소자동차(하늘색)

안전운전요령

오르막길 운전 요령이 있나요?

오르막길에서는 우선권이 내려오는 차량이므로 올라가는 차량이 양보해야 합니다. 그리고 오르막길 운행시 앞 차와의 거리를 충분히 여유를 두고 운전하면 좋습니다.

내리막길 운전 요령이 있나요?

내리막길 운행시에는 제동력이 필요한데 긴 내리막길에서의 잦은 제동으로 자칫 브레이크 계통에 문제가 있을 수 있으므로 자동변속기에서는 1단 또는 2단의 저속 운행으로 내려오시는 게 안전합니다.

과도한 브레이크 사용시 어떤 문제가 생길 수 있나요?

① 베이퍼록 현상입니다.

긴 내리막길에서 과다한 풋브레이크 사용으로 브레이크 디스크와 패드 등에서 과도한 열로 인하여 브레이크 오일에 기포가 발생되어 그로 인하여 브레이크 페달을 밟아도 스펀지처럼 그냥 밟히는 현상이 일어날 수 있습니다.

② 페이드 현상입니다.

제동을 하게 되면 브레이크 패드의 마찰열이 발생을 하게 되는데 사용을 많이 하게 되면 마찰계수가 떨어져 마찰력이 약해집니다. 그러하므로 제동을 하게 되면 브레이크 페달이 딱딱해지는 현상입니다. 이러한 현상은 겨울철보다는 온도가 높은 여름철에 발생하기 쉽습니다.

여름철 안전운전(우천시) 요령에 어떤 게 있나요?

여름철이 되면 툭하면 비가 내리는 경우가 많아집니다. 비가 내릴 때 노면은 젖어있고 운전자의 시야확보가 어렵기 때문에 도로에 웅덩이 같은 위험요소를 인지하지 못하여 사고의 위험성이 있기 때문에 주의를 요합니다.

① 우천 시 감속운전 및 안전거리 확보

노면이 미끄럽기 때문에 평상시보다 30~40% 감속운전 하시고, 안전거리 확보를 권합니다.

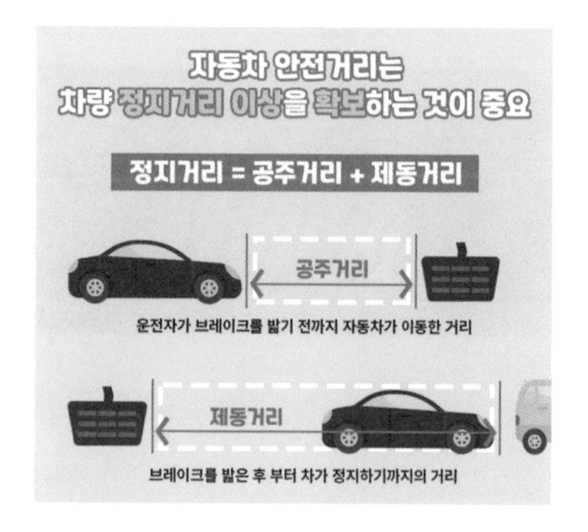

② 안개등, 전조등 점등

빗길이나 흐린 날에는 운전자의 시야 확보가 어려워 질 수 있기 때문에 멀리서도 나의 존재를 확인할 수 있게 해야 합니다.

③ 맨 끝 차로로 운행

보통 1차로에는 빗물이 많이 고여 있기 때문에 상대편 차량에서 물벼락으로 인하여 시야가 가려질 가능성이 크기 때문에 가능하면 가장 자리로 주행을 권합니다.

④ 브레이크 페달 수시작동

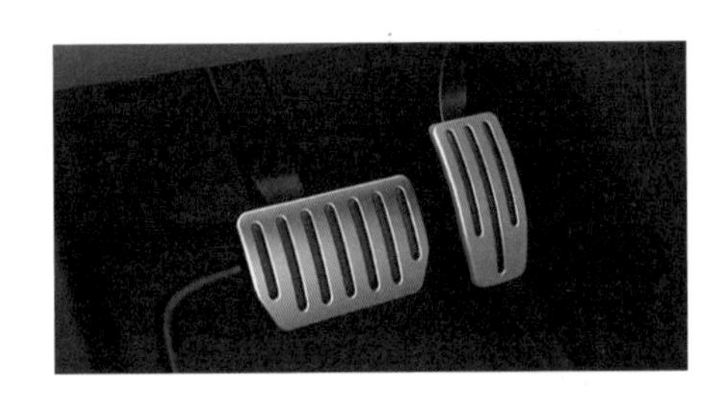

우천시에는 제동장치가 빗물에 젖어 있기 때문에 제동시 마찰력 저하로 인하여 자칫 제동거리가 길어집니다. 그러하기 때문에 정상적인 제동력 확보를 위해서는 가볍게 브레이크 페달을 작동하는 것을 권해 드립니다.

⑤ 타이어 점검

빗길 운행시에는 타이어의 성능이 매우 중요합니다. 빗길에서는 급가속시에도 접지력이 떨어져서 타이어가 미끌리어 헛돌게 되는 경우가 많습니다. 그리고 웅덩이를 지나갈 때에 자칫 접지

력을 잃고 스핀할 경우가 있을 수 있습니다. 마모된 타이어는 훨씬 위험하기에 장마철이 오기 전 타이어 점검을 필히 권해드립니다.

침수지역이 있을 때 통과여부 판단은 어떻게 하나요?

혹시라도 어쩔 수 없이 침수지역을 통과해야만 할 경우에는 자신의 자동차 머플러가 지금 현재 물에 잠기는지, 잠기지 않는지를 판단한 후에 만약 잠기지 않는다면 운행이 가능하다고 말씀드립니다.

침수지역 통과시 요령이 있나요?

1. 목표지점을 정확히 지정 후 운행
2. 변속단은 저단(1단 또는 2단)으로 엑셀페달은 계속 밟고 전진합니다.
3. 속도는 올리지 말고 가능한 저속 유지 운행
4. 가급적 모든 전기장치는 OFF

침수 지역 통과 시 시동이 꺼지면 어떻게 하나요?

무리하게 시동을 걸려 하지 마시고 그때는 즉시 전문가의 도움을 받으셔야 합니다. 무리하게 시동을 걸게 되면 빗물이 엔진 내부로 유입되어 각종 부품들의 변형이 올 수 있기 때문에 시동이 꺼지면 즉시 전문가의 조치를 받으시기를 권해 드립니다.

겨울철 안전장비 구비는 어떤 게 있나요?

겨울철에는 눈길, 빙판길의 주행이 잦기 때문에 무엇보다 안전을 위한 장비준비가 제일 우선시 되어야 합니다.

① 성애 제거제

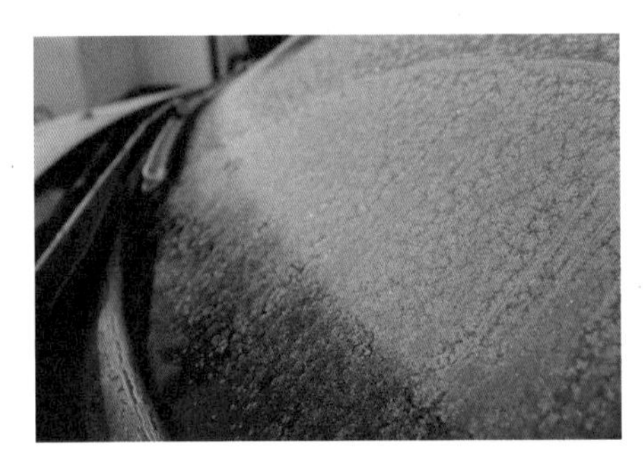

② 스노우체인

③ 야전삽 ④ 손전등

🛞 눈길 빙판길 안전운전 요령이 있나요?

안전을 위해서는 운전자 본인의 경험보다는 자동차 규격에 맞는 스노우체인이나 스노우타이어를 장착하여 운전하고, 타이어의 마모가 심하면 눈길이나 빙판길에서는 미끄러지기 쉽기 때문에 마모가 심한 타이어로는 운행하시면 위험합니다. 그리고 앞차가 지나간 바퀴자국을 따라 운행하는 것도 유리합니다.

겨울철 자동차 관리는 어떻게 하나요?

경유, LPG를 연료로 쓰는 자동차는 영하의 기온이 내려가게 되면 연료의 성분에 의하여 시동이 어렵게 되는 경우가 발생할 수가 있으므로 추운 날씨에는 차량주차를 외부보다는 실내주차장을 이용하셔야 합니다. 그리고 염화칼슘이 뿌려진 지역을 운행하고 난 뒤에는 차체의 부식방지를 위하여 세차를 하는 것이 효과적인 차량관리법이라 하겠습니다.

자동차 김 서림 원인은 뭔가요?

유리에 습기나 물방울이 맺히고 김 서림 현상이 나타나는 현상은 차량의 실내·외 온도 차이가 나기 때문인데요, 이는 더운 여름철 찬 물잔의 외부에 물방울이 맺히는 결로현상과 같은 원리입니다.

결로현상이 뭔가요?

실내·외 온도차로 인하여 공기 중에 포함된 수분이 차가운 유리의 표면에 의해 응축되어 물방울이나 이슬을 맺히게 하는 현상으로 이론적으로 온도차이가 보통 14도 이상 차이가 나면 발생한다고 합니다. 이러한 원인으로 실내온도가 외부온도보다 높으면 유리 안쪽에 발생되고, 반대가 되면 유리 바깥쪽에 발생됩니다.

김서림 제거 요령은 있나요?

요즘 나오는 대부분의 차량에는 실내의 김서림을 효과적으로 제거하기 위해, 공조장치에 별도의 스위치가 있습니다. 바로 이 스위치가 디프로스트라고 하는 스위치인데요. 이 스위치를 작동하면 바로 자동적으로 에어컨이 작동하고 풍향은 전면 유리창으로 고정됨으로 실내의 김서림이 효과적으로 제거됩니다.

성에란 무엇인가요?

영하의 기온이 되었을 때, 유리 외부 표면에 하얗게 얼어붙는 서릿

발을 말합니다. 이러한 이유는 눈이 내린 후나 겨울철 통풍이 잘 되지 않는 곳에 주차를 한 경우 발생합니다.

성에 제거는 어떻게 하나요?

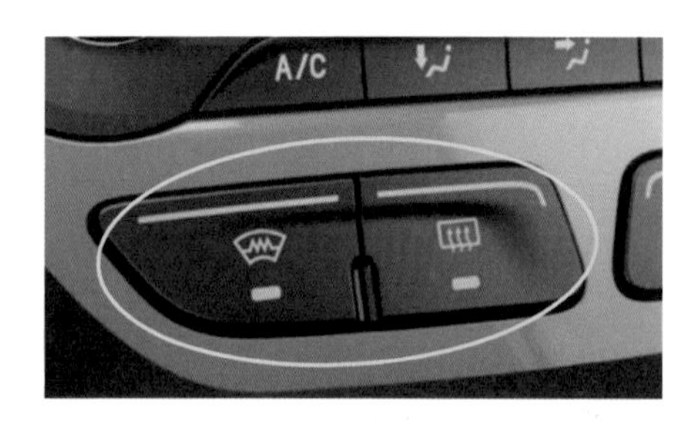

성에를 차량 유리의 손상없이 없애기 위해서는 시동을 걸고, 앞·뒤 열선을 작동시킵니다. 작동후 보통 15~20분 정도 작동하므로 성에 제거에 효과적이라 할 수 있습니다. 만약 기다릴 수 있는 여유가 없으시다면 성애 제거용 스크레이퍼를 사용해서 제거할 수도 있지만 자칫 잘못하면 유리면에 치명적인 손상을 줄 수 있기 때문에 주의를 요합니다.

성에 예방법이 있나요?

성에를 방지하기 위해서는 가능하면 실내 주차장을 이용하시고 실외에 주차시에는 자동차 전면이 해가 뜨는 방향으로 주차를 하는 방법도 있고 또한 신문지 또는 커버를 이용하여 자동차 전면 유리에 덮어주는 방법도 이용하시면 좋겠습니다.

자동차 경제적 운전방법은 어떤 게 있나요?

① 초기시동 후 워밍업은 비교적 짧게(1~2분)

② 출발은 부드럽게

③ 급가속, 급제동은 자제

④ 내리막길 운행시에는 엔진브레이크 사용

⑤ 비포장도로는 가급적 회피

⑥ 에너지 절약형 자동차 구입 - 소형차, 하이브리드

⑦ 타이어 공기압은 적절하게 주입

⑧ 에어컨, 전기장치 사용자제

⑨ 불필요한 짐 덜어내기

⑩ 자동차 정기적 점검관리

자동차 고장징후

소리로 알아보는 자동차 고장징후

① 시동모터가 힘없이 “틱틱”거릴 때

시동을 걸 때, 한번에 경쾌하게 회전하지 않고 힘없이 “틱틱”하면서 억지로 회전하는 듯한 소리를 낸다면 이는 충전장치의 불량 또는 배터리의 노후에 따른 성능 저하를 의심할 수가 있습니다. 이는 여름철보다 추운 겨울에 많은 증상이 일어나기도 합니다.

② 시동 시 “삐~~~이익” 소음이 날 때

시동이 걸린 후나, 가속 시에 “삐이이”하는 날카로운 소리가 들린다면, 이는 구동벨트의 장력 불량이나 벨트가 미끄러지는 현상입니다. 이러한 이유로 소음이 난다면 구동벨트에 의해 회전하는 기계부품들의 손상이 있으므로 신품으로 교체 또는 장력 조정을 하셔야 합니다.

③ 주행 가속시 "까르르륵" 소음이 날 때

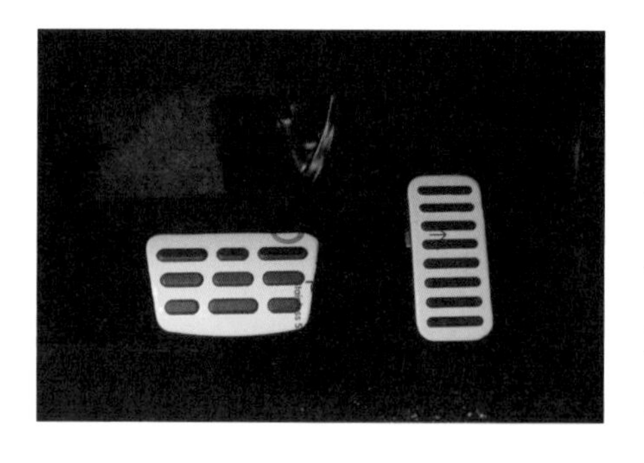

주행 중 가다 서다를 반복하거나 언덕길을 출발할 때 간헐적으로 엑셀 페달을 밟을 때 "까르르륵"하는 날카로운 금속성 소리가 들리는 경우는 이는 엔진 노킹(knocking)에 의해 발생하는 소리입니다. 만약 운행 시 이러한 소리가 들린다면 반드시 정비업소에서 점검 및 정비를 받으셔야 됩니다.

④ 주행 시 자동차 아래 부분에서 "달그락 달그락" 소음이 날 때

주행 중 자동차 아래쪽에서 굴러다니는 듯한 소리 "달그락 달그락"하는 소리가 들리면서 동시에 자동차 출력이 같이 떨어진다면, 배기라인에 있는 촉매변환기 내부의 파손이 의심됩니다.

촉매변환기 내부는 벌집모양으로 생겨 촉매제가 파손되면 배기가스의 배출에 영향을 미치게 되고 또한 소음이 나는 원인이 됩니다. 이러한 원인은 외부충격이 주요 원인이기에 운전시 참고 바랍니다.

⑤ 시동 후 또는 주행 중 "붕~~붕" 소음이 날 때

엔진이 공회전 중이나, 가속 중에 배기 소음이, 평상시와 다르게 들린다면 이는 머플러가 부식되거나 파손되어 배출가스가 누

설되는 경우가 대부분입니다. 그러나 이러한 이상 배기음은 엔진 부조에 의한 현상으로도 소음이 날 수가 있습니다만 가속시에도 소음이 사라지지 않는다면 배기머플러를 의심하시면 되겠습니다.

⑥ 주차시 "딱~~딱"하는 소음이 들릴 때

간혹 운행 후 주차를 마친 뒤, 차량 하부에서 "따악 따악"하는 소리가 들리는 경우가 있습니다. 이러한 소리는 특히 겨울철에 많이 발생이 되고 또한 그 소리도 큽니다. 이러한 이유는 자동차는 철판으로 이루어져 있기에 자동차 운행 중에는 뜨거운 열에 의한 금속재질의 팽창된 배기라인이나 머플러가, 운행정지 후 시동을 끄게되면 급격하게 열이 식으면서, 수축되는 과정에서 나타나는 현상으로, 정상적인 소리로 자동차에는 아무런 문제가 되지 않습니다.

⑦ 주행 중 속도와 비례하여 "탁~~탁"하는 소음이 날 때

달리는 자동차 속도와 비례하여 '탁 탁'하는 소리가 주기적으로 발생한다면 이러한 원인으로는 자동차 타이어에 못이나, 돌등의 이물질이 박혀있

을 가능성이 있습니다. 하지만 이물질을 바로 제거하게 되면 공기압이 급속도로 빠질 가능성이 있기 때문에 육안으로 확인 후 제거하시면 됩니다.

⑧ 주행 중 "우우웅~~~"하는 소음이 날 때

주행 중 "우우웅~~"하는 소음 또는 비행기가 활주로를 달릴 때 소리와 유사한 소음이 발생된다면 이는 자동차 허브 베어링의 손상이 의심됩니다. 특징은 차속과 비례하여 달리면 달릴수록 귀가 멍해지는 소음을 발생시키고 또한 회전시 그 소리가 좀 더 커지는 경향이 있습니다.

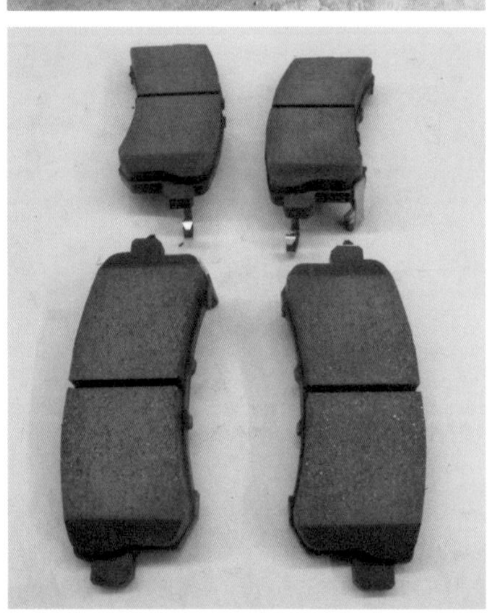

⑨ 제동 시 "삐이~~~익" 소음이 날 때

주행 중 제동시 마다 "삐이이익"하는 소음이 난다면 이는 브레이크 패드의 마모가 의심됩니다.

이 소음은 브레이크 패드의 한계를 넘게 되면 일종의 경고음이라 생각하시면 되기에 빠른 시간에 정비를 받으셔야 추가적인 비용이 지불되지 않으니 참고하시면 되겠습니다.

⑩ 미끄러운 노면 주행 중 제동 시 "끄르륵" 소음 발생될 때

미끄러운 노면에 운행 중 제동을 하게 되면, ABS가 작동하면 브레이크 페달에 진동이 오면서 "끄르륵" 하는 소리가 나는 것은 정상적인 소리입니다.

⑪ 요철도로 운행 시 " 삐이익", "뚜둑 뚜둑" 소음이 날 때

요철도로를 주행할 때나, 과속 방지턱을 넘을 때 "삐이익"또는 "뚜둑" 하는 마찰소음이 들린다면, 이는 고무로 되어져 있는 하체 각종 부위 중 고무부싱류에서 발생하는 소리일 가능성이 많습니다.

이러한 소리가 난다면 추가적인 피해를 방지하기 위해 전문가의 도움을 받으셔야 합니다.

냄새로 알아보는 자동차 고장징후

① 코를 찌르는 식초 냄새가 날 때

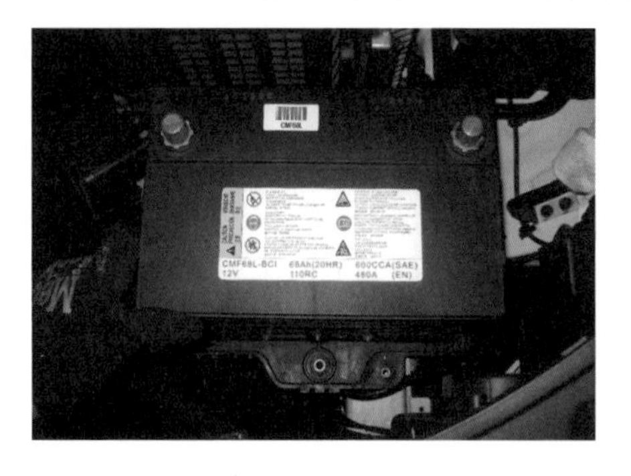

자동차에서 코를 찌르는 식초 냄새가 난다면 아마도 배터리가 파손되어 전해액이 누출되거나 아니면 발전기의 과충전에 의해 과도한 가스가 발생하는 경우를 생각할 수가 있습니다. 이러한 경우는 즉시 수리를 하셔야 됩니다.

② 코끝으로 전해지는 달짝지근한 냄새가 날 때

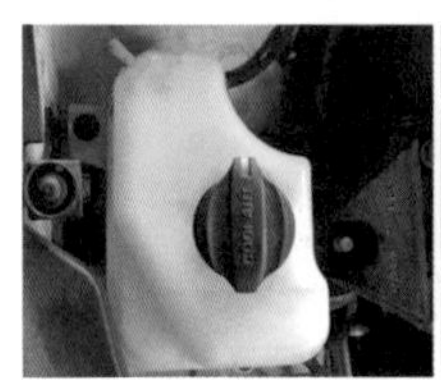

자동차에서 달짝지근한 냄새는 자동차엔진을 식혀주는 냉각수인 부동액의 누수를 의심할 수 있습니다. 부동액은 독특한 색깔이 있고 또한 흔적으로 누수 부위를 알 수 있으므로 이러한 냄새가 난다면 원인을 찾아서 정비를 받으셔야 됩니다.

부동액 냄새는 인체에 매우 좋지 않을뿐더러 부동액 부족으로 냉각성능 저하로 엔진에 심각한 고장으로 이어질 수 있기 때문에 점검, 수리하셔야 됩니다.

③ 옷이 눌어붙는 냄새가 날 때

자동차에서 다림질할 때처럼 옷이 눌어붙는 것 같은 냄새가 난다면, 이는 브레이크 라이닝 또는 브레이크 패드에 과도한 열을 받아 비정상적으로 마모가 될 때 나는 냄새입니다. 이러한 이유는 긴 내리막길을 내려갈 때 브레이크만을 사용하게 되면 브레이크 계통에 과도한 열로 인하여 연기가 나고 이런 냄새가 납니다. 만약 이러한 냄새가 난다면 차량을 안전한 곳으로 주차한 후 브레이크 계통을 식혀야 합니다. 만약 방치 후 그냥 운행 하시게 되면 브레이크 라이닝 또는 패드의 마찰력이 급격히 떨어져서 제동력을 잃어 매우 위험한 상황에 이를 수 있습니다.

④ 고무가 타는 듯한 냄새가 날 때

자동차에서 고무가 타는 듯한 냄새가 나는 원인으로는 보통 엔진 구동벨트의 수명이 다하여 미끄러져 마찰에 의해 발생하는 냄새이고 또한 가지는 공기압이 부족한 상태로 계속 운행을 하면 타이어에 마찰열이 과도하게 발생되어 타이어의 미끄러짐에 의한 냄새가 발생합니다.

⑤ 휘발유 냄새가 날 때

자동차에서 휘발유 냄새가 난다면 이는 연료라인의 누설이나 연료계통 중 증발가스의 원인이 있을 수 있습니다. 이러한 휘발유 냄새는 화재의 위험성이 있으므로 즉시 점검, 수리를 요합니다. 위의 원인 말고도 휘발유 냄새가 나는 경우는 엔진의 불완전 연소로 인하여 냄새가 날 수 있습니다. 이 또한 역시 전문가의 점검을 통하여 점검, 정비를 하셔야 합니다.

⑥ 디젤자동차에서 나는 배기가스 냄새가 날 때

예전 기계식 디젤 차량에서는 연료에 윤활성을 높이기 위해 유황성분을 사용하여 매연으로 인해 매캐한 냄새가 나는 경우가 많았습니다만, 요즘 디젤차량의 경유는 초 저유황으로 제조되어 약간 시큼털털한 냄새가 납니다. 그러므로 요즘 디젤자동차에서 시큼털털한 냄새가 나는 것은 정상 연소에 의한 냄새라고 판단하시면 되겠습니다.

⑦ 타는 듯한 냄새가 날 때

자동차에서 무언가 타는 듯한 냄새는 고무재질이나 플라스틱 제품이 뜨거운 배기관과 접촉하여 발생하지만 대부분은 전기장

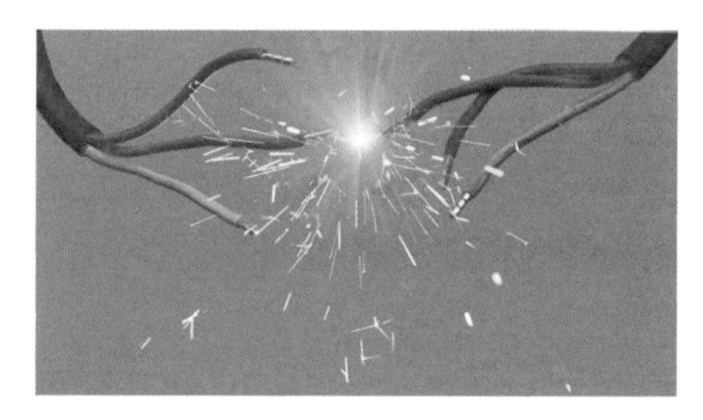

치의 합선이나 모터가 손상 될 때 발생합니다.

⑧ 에어컨 작동할 시 냄새가 날 때

여름철 에어컨 작동시에 식초같은 냄새 또는 걸레가 부패해 발생하는 곰팡이 냄새와 비슷한 불쾌한 냄새가 나기도 합니다. 이는 에어컨 부품 중 에바퍼레이터(증발기)에 이물질이 많이 붙어 세균에 의한 냄새입니다. 보통은 이러한 냄새를 방지하기 위해 차량실내에 실내필터가 장착되어져 있어 주기마다 교환을 해주셔야하는데 간혹 교환주기를 놓치게 되면 실내필터를 교환하더라도 냄새가 지속될 수 있습니다. 이때는 전문정비소에서 에바퍼

레이터 청소를 하시면 냄새를 줄일 수 있습니다.

이상으로 냄새에 의한 자동차 고장 징후에 대해 말씀을 드렸지만 어디까지나 현장 실무 감각에 의한 판단입니다. 그러므로 반드시 전문가의 정확한 진단이 필요하다고 말씀드립니다.

눈으로 알아보는 자동차 고장징후

① 바닥에 떨어진 액체의 색깔

자동차를 장시간 주차한 후 엔진룸의 각종 부위의 기름이 누유된다면 바닥으로 떨어지게 됩니다. 이때 바닥에 떨어진 위치, 색깔, 액체 종류에 따라 어느 부위인지 가늠을 할 수가 있습니다. 그러므로 가끔씩 운전자 분께서는 점검을 위해서는 차량을 앞으로 조금 이동하여 바닥을 확인하시면 내차의 상태를 확인 가능하니 참고 바랍니다.

② 떨어진 액체가 갈색 또는 검은색인 경우

바닥에 떨어진 기름의 색깔이 갈색이나 검은색일 경우는 엔진오일의 누유가 매우 의심됩니다. 일반적으로 엔진오일의 색상은 노란색을 띠고 있지만 오일을 교환하고 시동을 걸면 점점 검게 변하게 됩니다. 만약 엔진오일이 누유되면 윤활 불량에 의한 엔진의 치명적인 문제를 발생시키기 때문에 세심한 관찰이 필요합니다.

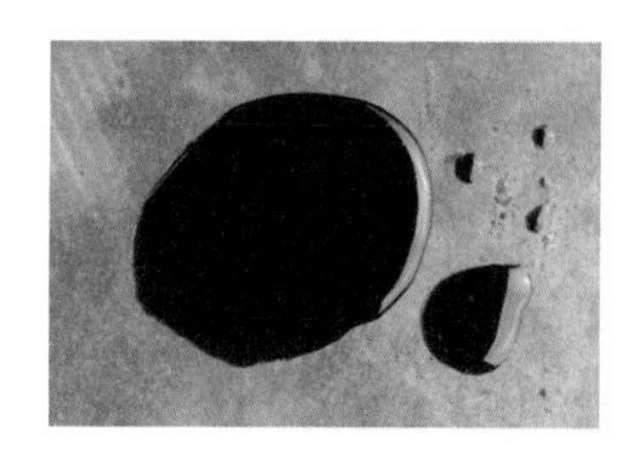

③ 떨어진 액체가 붉은색인 경우

바닥에 떨어진 액체의 색깔이 붉은색이면 이는 자동변속기 오일 또는 파워스티어링 오일이 누유되었다라고 판단할 수가 있겠습니다. 보통의 경우에 유압계통에 사용되는 오일은 붉은색 계열이 많으며 원래 무색의 원유에 사용상의 편의를 위해 색소를 가미했기 때문입니다. 만약 자동변속기 오일이 누유되어 그 양이 부족하면 자동변속기의 특성상 변속 시 충격이 발생하며 또한 내부에 미끄럼이 발생되어 변속기의 치명적인 손상이 발생할 수 있음으로 관리가 필요합니다.

④ 떨어진 액체가 파란색인 경우

차량에서 떨어진 액체가 옅은 색상의 파란색일 때는 보통 윈도우 와셔액의 누수가 의심됩니다. 그러나 눈으로 언뜻 봤을 때 녹색인 부동액

과 혼돈할 수가 있으니 유의하여야 합니다.

⑤ 떨어진 액체가 투명한 물일 때

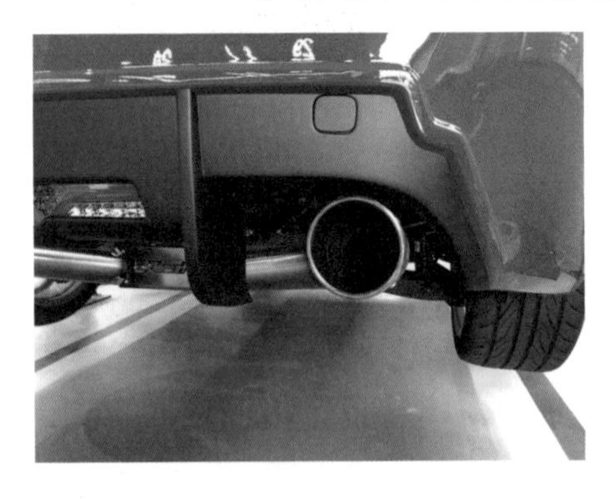

바닥에 맑고 투명한 물이 떨어져 있으면 에어컨과 머플러에서 배출되어진 응축수와 빗물 또는 눈이 녹아 흘러내린 것으로 볼 수 있습니다. 이러한 경우는 정상임으로 차량의 고장과는 상관없습니다.

⑥ 배기가스의 색깔이 흰색일 때

배기가스의 색깔이 흰색으로 배출된다면 아마도 이때는 아주 매캐하고 역한 오일 타는 냄새도 함께 발생이 될텐데요. 원인은 엔진오일이 연소실로 유입되어 연소되어 머플러로 배출되기 때문입니다. 이러한 현상은 노후화된 차량에서 발생이 많이 되고 엔진 내부에 문제가 생겼기에 전문가의 도움을 받으셔야 됩니다.

⑦ 배기가스의 색깔이 검은색일 때

시동을 걸고 운행 중 가속시에 지속적으로 검은색의 연기가 배출된다면 이는 연소실로 유입된 연료가 정상 연소가 되지 않고 불완전 연소되기 때문에 생기는 현상입니다. 이러한 증상이 있는 차량들은 가솔린보다는 디젤 자동차에서 발생되면 출력이 떨어지고 또한 연료 소모도 많아집니다. 무엇보다도 환경오염의 원인이 되기 때문에 즉시 전문가의 도움을 받으시길 권합니다.

⑧ 배기가스의 색깔이 푸른색일 때

배기가스가 푸른색을 띠는 것은 가솔린 차량에서 주로 발생됩니다. 주된 원인으로는 연료에 이물질인 솔벤트나 톨루엔 등 유사 휘발유를 섞인 연료를 주입한 경우에 나타날 수 있지만 푸른색이 아주 옅을 때는 정상적인 차량에서도 나타납니다. 그러므로 운전자께서는 심하게 푸른색을 띤다면 연료의 상태를 점검하시기 바랍니다.

위와 같은 눈으로 확인하는 방법은 어디까지나 가능성을 가지고 예측한 것임으로 실제의 고장 원인은 전문가의 도움을 권해드립니다.

DIY

자동차 DIY란, 자동차를 전문가나 전문업체에 맡기지 않고 스스로 수리하거나 교환하는 것을 말합니다. 자동차에서는 다른 말로 자가정비라고도 합니다.

최근에 출시되는 자동차는 첨단 전자제어 시스템이 적용되어, 간단하게 보이는 것들도 전문가의 손길이 많이 필요로 합니다. 하나 운전자 스스로 쉽게 자가정비를 할 수 있는 일반적인 점검, 정비 사항들도 많이 있습니다. 이러한 기본 사항들을 스스로 해결한다면, 자동차 유지비용을 절약함과 동시에 자동차에 대한 애착도 갖게 되는 계기가 될 것입니다.

① 자가정비의 범위에 대해서 알아보겠습니다.

- 각종 퓨즈류의 점검, 교환

- 각종 전구류의 점검, 교환
- 에어필터의 교환
- 각종 오일의 점검 및 보충
- 냉각수의 점검 및 보충
- 워셔액의 보충
- 와이퍼 블레이드 교환
- 배터리 교환 및 점프스타트
- 브레이크 패드 점검
- 타이어 점검
- 스노우체인 장착
- 내·외장 관리
- 기타

위의 항목들처럼 간단하게 교환하는 쉬운 작업도 있지만, 많은 운전자들이 자동차 정비는 정비업소에서 해야 한다는 생각을 가지고 있어서 시간과 비용이 늘어나고 있습니다. 하지만 자가정비 항목 외의 작업들은 대부분 전문가의 도움을 받으셔야 됩니다. 특히, 오일류 교환은 작업시 배출되는 폐오일은 특정폐기물에 속하므로 반드

시 전문업체에서 수거되어야 한다는 점 명심하시기 바랍니다.

② 자가정비를 위한 기본 공구

- 휴대용 공구 박스
- 소켓세트
- 드라이브(+,-)
- 스패너 세트
- 컷팅 플라이어
- 절연테이프
- 칼, 토시, 장갑
- 차량용 작업등
- 세정제, 왁스
- 기타 등등

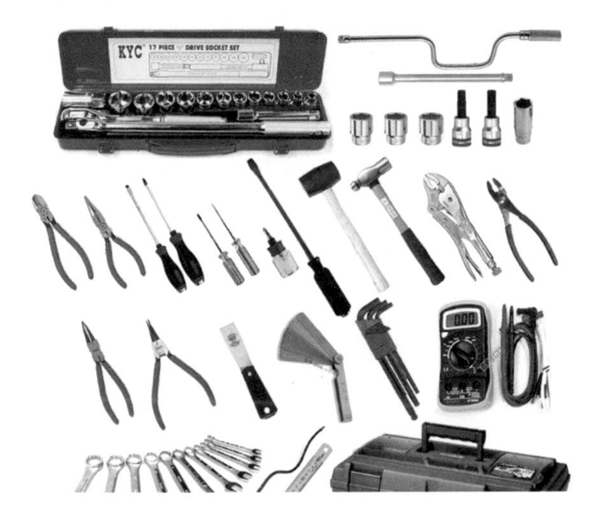

출고 시 지급되는 스페어 공구는 비상시를 위한 것임으로, 그 종류가 다양하지 않아 별도의 자가정비공구를 갖추어 두는 것을 권해드립니다.

③ 항목별 자가정비 방법

- 각종 퓨즈류 점검 및 교환

자동차 전기전자 회로장치에 필요 이상의 전류가 흐르게 되면 실내 정션박스와 엔진룸 정션박스에는 과전류 방지를 위해 다양한 퓨

즈 및 릴레이가 장착되어 있습니다.

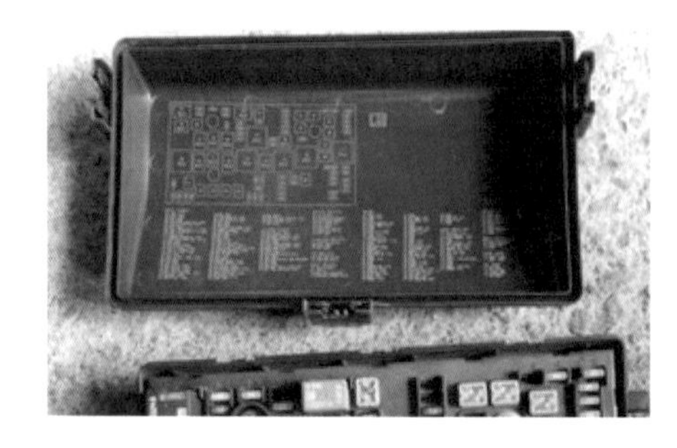

정션박스 커버에는 각종 전기회로 별 휴즈의 명칭 그리고 용량이 표시되어져 있기에 어떤 전기장치가 작동되지 않는다면 관련 회로의 퓨즈부터 점검하여 불량시 교체를 하시면 되겠습니다. 참고로 규정용량 이상의 퓨즈를 교환하시면 배선이 손상되거나 화재의 위험성이 있기 때문에 꼭 규정용량 외에는 사용을 자제하시기 바랍니다.

- 헤드램프 전구의 교환

헤드램프 전구가 소손이 되면 교환을 해야 되는데, 한쪽 전구만 소손된 경우에는 좌·우 광도의 차이가 있을 수 있음으로 좌·우측 모두 신품으로 교환해 주는게 좋습니다.

- 시동 스위치를 끈다.
- 운행 후에는 전구가 식을 때까지 기다린다.

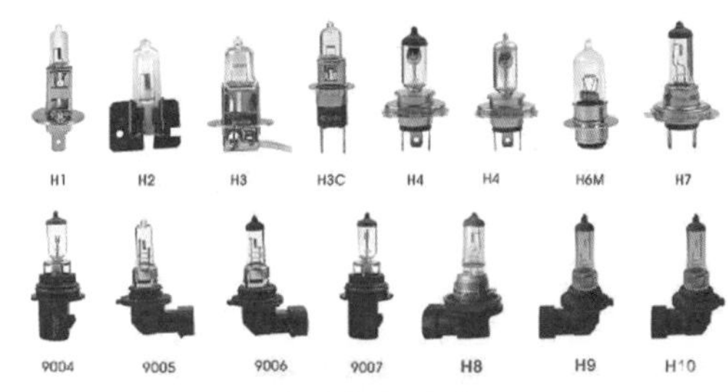

- 뒤쪽의 커버를 반 시계방향으로 돌린다.
- 연결커넥터를 분리 후 안전 스프링의 -고리를 누르고 탈거한다.
- 조립은 분해의 역순입니다.

- 안개등 전구의 교환

안개등은 비올 때나 눈 그리고 안개속에서 운행할 때 전조등의 보조 역할을 하기 때문에 보다 높은 광도가 필요합니다. 그래서 대부분 할로겐램프를 적용하고 있습니다. 안개등도 헤드램프와 마찬가지로 좌·우 어느 한 쪽만 소손된 경우에도 광도 차이를 고려해 양쪽 모두 신품으로 교환하는 것이 좋습니다. 교환 방법은 헤드램프 전구와 유사하나 차종 따라서는 차량을 리프트에 올려야 할 경우도 있습니다. 리프트에 올려야 할 경우에는 전문가의 도움을 권해 드립니다.

- 미등 & 제동등 교환

미등은 차폭등이라고도 하며, 타 운전자에게 자신의 차량의 위치를 알려줌으로서 안전운행을 할 수 있도록 하는 유도 표시등입니다. 제동등은 브레이크 작동시 표시되는 등으로서 보통 뒤쪽 콤비네이션 램프내에 설치되어 있으며, 하나의 전구로 미등과 함께 작동될 수 있도록 두 개의 필라멘트로 되어 있는 더블 전구가 사용됩니다.

싱글전구와 더블전구의 차이점은 아래와 같습니다.

싱글전구 더블전구

- 실내등 교환

실내의 조명을 위해 설치되어져 앞쪽, 중앙, 트렁크에 장착되어

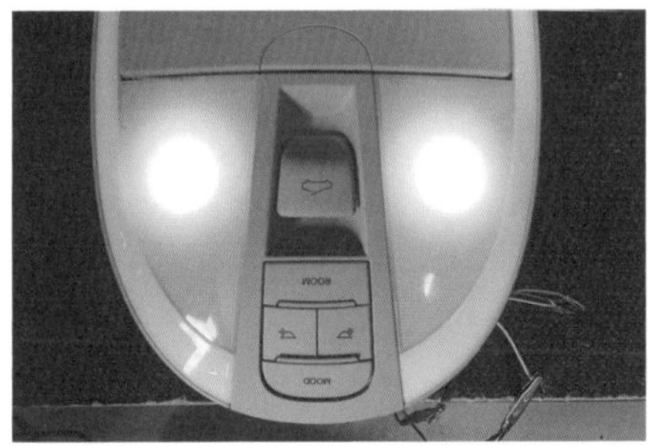

져 각각의 역할을 수행합니다. 만일 시동을 끈 상태에서 실내등을 끄지 않으면 배터리 방전의 원인이 되므로 주의를 요합니다.

교환 방법으로는 시동 스위치를 끄고 얇은 드라이버를 이용하여 커버를 분리한 후 동일 전구를 교체하시면 됩니다.

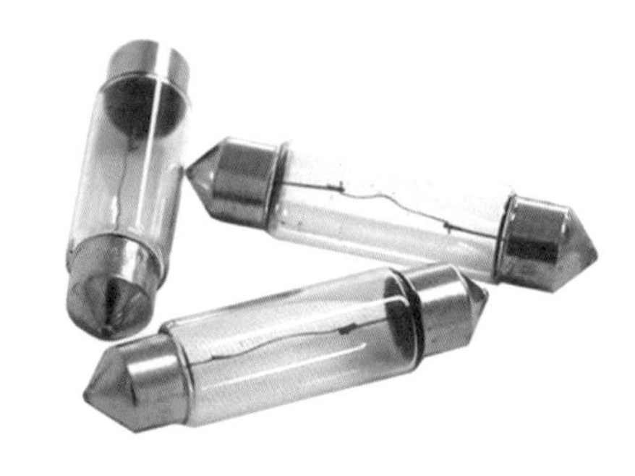

- 에어필터 교환

자동차에는 2개의 에어 필터가 있는데요, 하나는 엔진으로 유입되는 공기

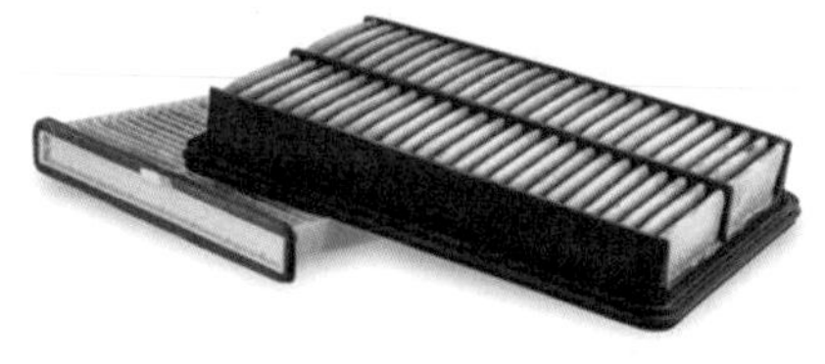

를 정화시켜주는 에어클리너가 있습니다. 보통의 에어클리너는 엔진오일 교환시 오일필터와 함께 교환하는 게 일반적이지만 운전자 스스로도 간단하게 교환을 할 수가 있습니다.

두 번째로는 실내에 있는 공조용 에어필터입니다. 공조용 에어필터는 차량 실내로 유입되는 외부의 공기를 정화시켜 외부로부터의 오염을 탑승자의 건강을 지키도록 하는 중요한 역할을 하고 있습니다. 그러므로 실내 에어필터는 주기적으로 교환을 권해드립니다.

– 배터리 교환

배터리는 시동모터에 전원을 공급하여 자동차 시동이 가능하게 하는 전기 장치입니다. 배터리도 일반 소모품이어서 일정기간 사용을 하게 되면 성능저하로 교환을 하여야 합니다. 보통 교환의 주기는 3년 전·후이지만 운전자의 운전습관, 관리 상태에 따라 그 기간은 변동될 수 있습니다. 배터리 교환 요령은 아래와 같습니다.

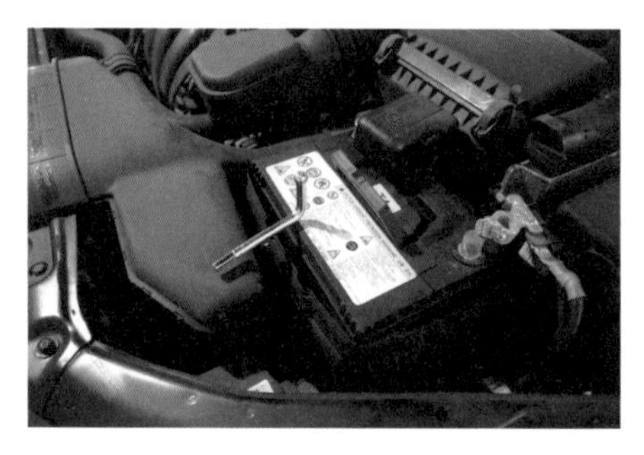

- 배터리 (-) 케이블 분리

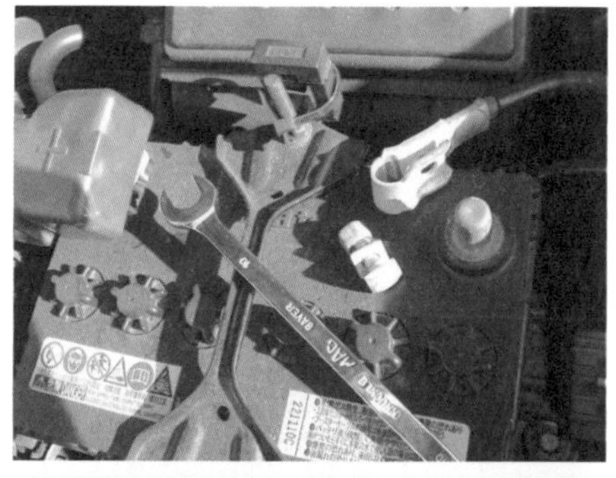

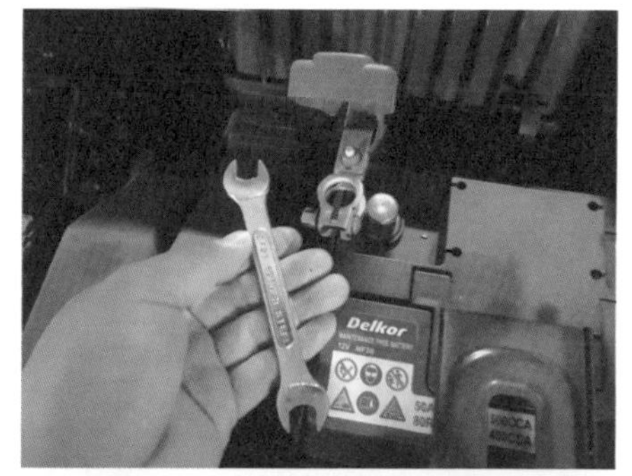

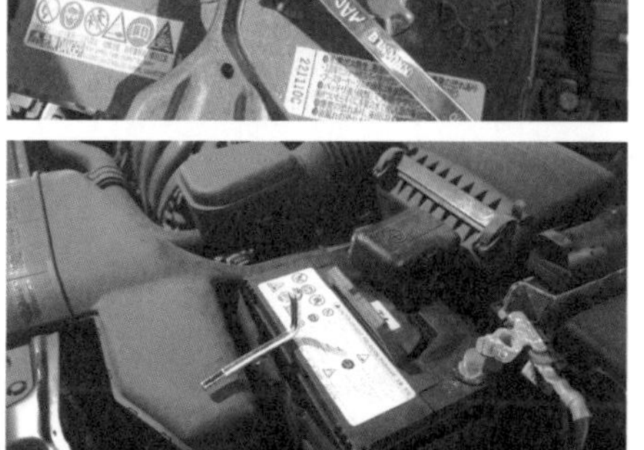

- 배터리 (+) 케이블 분리
- 배터리 고정 볼트(보통 12mm정도) 분리
- 배터리 탈거
- 조립은 분해의 역순으로 하시면 됩니다.

- 윈도우 와이퍼교환

윈도우 와이퍼는 차량의 전면유리 또는 후면에 장착되어, 비가 오거나 눈이 올 때 전·후방의 시야확보를 위한 부품이기에 안전운행에 아주 중요합니다. 윈도우 와이퍼 또한, 소모품이기에 블레이드만 교체를 할 수 있고 또한 어셈블리로 교환을 할 수 있습니다. 보통 교환주기는 사용하는 상태에 다르겠지만 보통 6개월 정도 지나면 교환

을 권해드립니다.

교환 순서는 아래와 같습니다.

- 시동을 끈 상태에서 와이퍼 암을 들어올린다.
- 고정레버를 누르고 와이퍼 블레이드를 아래로 내려 와이퍼 암과 분리
- 고정레버 홈에 와이퍼 암을 끼운다.
- 와이퍼 블레이드를 "딱"소리가 날 때까지 올려준다.
- KEY ON후에 와이퍼 작동확인한다.

운전자를 위한 자동차 기본상식

초판인쇄 2023년 03월 10일
초판발행 2023년 03월 17일
편 저 자 이병영
펴 낸 이 노소영
펴 낸 곳 도서출판마지원
등록번호 제559-2016-000004

전 화 031) 855-7995
팩 스 02) 2602-7995
주 소 서울 강서구 마곡중앙로 171

http : //blog.naver.com/wolsongbook
ISBN : 979-11-92534-13-8 (13300)
정가 : 9,000원